W0204092

Andrea Revers · Woran Workshops scheitern

Windmühle GmbH · Verlag und Vertrieb von Medien · Hamburg

Woran Workshops scheitern

Andrea Revers

...und was Moderatoren dagegen tun können.
Eine Anleitung für Einsteiger und Fortgeschrittene

Hrsg. Einhard Schrader

Moderation
in der Praxis

BAND 9

Windmühle GmbH · Verlag und Vertrieb von Medien · Hamburg

Die Deutsche Bibliothek – CIP-Einheitsaufnahme
Ein Titeldatensatz für diese Publikation
ist bei der Deutschen Bibliothek erhältlich

Printed in Germany
Titel: Regina Isterling, Hamburg
ISBN 3-922789-93-5

Inhalt

Vorwort des Herausgebers

Die ModerationsMethode ist inzwischen so etwas wie ein „gesunkenes Kulturgut" geworden. Das heißt: Die meisten Menschen kennen Pinnwände, Moderationskarten und das Arbeiten mit Filzstiften und Klebepunkten. Gruppenmoderationen mit diesem Material gehören zu den Basis-Skills fast wie Lesen, Schreiben und Rechnen. Das erfreut natürlich die Erfinder dieser Methode, die sich einen solchen Erfolg nicht in ihren kühnsten Träumen haben vorstellen können. Die weite Verbreitung dieser Methode hat erfreulicherweise dazu geführt, dass sie von immer mehr Menschen angewendet wird und dass von immer mehr Führungskräften, Trainern, Ausbildern und Projektmitarbeitern erwartet wird, sie zu beherrschen und zu benutzen.

Diese Entwicklung birgt aber auch Gefahren. Denn was so einfach aussieht, wenn Kärtchen geschrieben, sortiert und in diskussionsfähige Themen umgewandelt werden, hat doch so seine Tücken. Und nicht selten entsteht der Eindruck, die ModerationsMethode funktioniere nicht, was dann weniger mit der Methode und mehr mit Fehlern in ihrer Anwendung zu tun hat. Denn es ist nicht nur die faszinierend einfache Technik, die überzeugt, sondern der spezifische Umgang mit Gruppen und ihren Themen, der den Erfolg dieser Methode ausmacht. Und deshalb ist sie auch mehr als eine bloße Technik, sondern eben eine Methode, die in den dreißig Jahren ihres Bestehens mit viel Kreativität weiterentwickelt wurde und die sich von vielen anderen Methoden der Gruppenarbeit beeinflussen ließ.

Andrea Revers geht nun „back to the roots". Sie gibt den Anwenderinnen und Anwendern, die über keine intensive Moderationsausbildung verfügen, ein Methodenbuch an die Hand, mit dessen Hilfe sich Probleme in Gruppen lösen lassen, die weder hochkomplex sind noch tiefschürfendes Wissen verlangen und die sich in relativ kurzen Sitzungssequenzen bearbeiten lassen, also für den schlichten Moderationsalltag. Sie tut das auf sehr anschauliche, übersichtliche und leicht lesbare Weise, und damit gelingt es ihr, etwas von der

Leichtigkeit und dem Spaß an ihre Leser zu vermitteln, die untrennbar mit der Moderations-Methode verbunden sind.

Den Lesern wünsche ich eine Gewinn bringende Anwendung dieses Buchs und dadurch eine Bereicherung ihres Arbeitslebens.

Einhard Schrader

Zur Einführung

Nicht erst seit der Einführung von Total Quality Management und der kontinuierlichen Suche nach Verbesserungen innerhalb strategischer Prozesse (KVP) erfreut sich die ModerationsMethode einer großen Beliebtheit. Bereits seit den 80er Jahren gehört die Moderation von Workshops und Besprechungen zum Standardrepertoire von Führungskräften und Projektleitern.

Die Mitarbeiter und Führungskräfte sind Legion, die in ein- oder mehrtägigen Seminaren zu Moderatoren ausgebildet wurden. Manchmal – bei Zeit- oder Geldmangel – tat es auch der Blick in die einschlägige Fachliteratur. Das Ergebnis: nach anfangs euphorischer Begeisterung Ermüdungserscheinungen und eine gewisse Frustration auf breiter Front.

Steckt die Methode in der Krise?

Von den Moderatoren hört man: „Die Gruppen machen ja nicht mehr mit. Keiner interessiert sich wirklich für das Problem. Die sind die ganzen Workshops leid."

Die Gruppenmitglieder stöhnen: „Das ewige `Kärtchenmalen´ geht uns auf den Geist. Die Vorschläge werden doch sowieso nicht umgesetzt, die Führungskräfte machen das, was sie ohnehin machen wollten."

Die Führungskräfte klagen: „Zu viel `unproduktive´ Zeit! Die Leute sollen sich lieber ums Tagesgeschäft kümmern. Das dauert alles viel zu lange." – „Die erarbeiteten Vorschläge sind häufig unrealistisch, den Mitarbeitern fehlt halt doch das unternehmerische Denken."

Schade, denn hier werden Chancen vertan. Die ModerationsMethode ist sicherlich auch heute noch eine der fruchtbarsten Methoden, wenn es darum geht, kreative Potenziale einer Gruppe zu entfalten, Konflikte zu bearbeiten und ganzheitliche Problemsichten zu entwickeln. Sie kann aber rasch zu einer der furchtbarsten Methoden werden, wenn man sie fehlerhaft anwendet.

Woran scheitern Workshops?

Wenn eine Moderation scheitert, liegt es in rund 70 Prozent aller Fälle am Moderator. In rund 25 Prozent der Fälle lag es am Unternehmen, das keine Workshopkultur pflegt, und nur in rund 5 Prozent waren die Teilnehmer der Gruppe tatsächlich nicht „moderierbar“ (und selbst hier habe ich noch meine Zweifel).

Das mag sich für die Moderatoren deprimierend anhören – „Natürlich, jetzt sind wir wieder schuld“ –, aber es ist auch eine Aufforderung, sich und seinen Arbeitsstil zu überprüfen. Denn ändern kann man nur sich selbst! Dazu möchte Ihnen dieses Buch Hilfestellung geben und folgende Fragen klären:

- Wie sollten Moderationen aufgebaut sein, die funktionieren?
- Welche Rolle habe ich als Moderator?
- Wie motiviere ich die Gruppe für das Thema?
- Wie stecke ich die Rahmen ab, in denen wir uns bewegen?

Diesen und anderen Themen begegnen Sie in den folgenden Kapiteln. Konkrete Beispiele bilden jeweils die Ausgangsbasis. Ausgehend vom „Wie sollte es nicht sein“, erkennen Sie typische Schwachstellen in Ihren Moderationen und Besprechungen, lernen die elementaren Regeln des Moderierens kennen und erhalten wichtige Tipps vom Praktiker für den Praktiker. Diese Tipps basieren auf meiner Erfahrung als Moderatorin in unterschiedlichsten Gruppen und bei den verschiedensten Themen. Es sind sehr persönliche Tipps und Erkenntnisse, die der eine oder andere möglicherweise so nicht anwenden würde. Aber dies ist auch ein ganz persönliches Buch und kein klassisches Lehrbuch.

Um Ihnen den Überblick zu erleichtern, habe ich es in vier Kapitel untergliedert: Kapitel 1 wendet sich an Einsteiger und beschäftigt sich mit den typischen Moderationsaufgaben in

Besprechungen und Workshops, mit dem Handwerkszeug zur Diskussionssteuerung und zur Themenbearbeitung. Kapitel 2 zeigt auf, wie man Themen strukturiert und bereits in der Vorplanung eines Workshops die Weichen für einen erfolgreichen Ablauf stellen kann. Kapitel 3 beschäftigt sich mit der Prozess-Steuerung auf zwischenmenschlicher Ebene, und Kapitel 4 vermittelt, wie eine gute Nachbereitung die Zielumsetzung erleichtern kann.

Ich hoffe, dass Ihnen die Lektüre Freude macht und Ihnen das Leben erleichtert!

Was ist eigentlich die „ModerationsMethode"?

Moderation ist nicht gleich Besprechungsleitung

Unter Moderation kann sich heute zwar jeder irgendetwas vorstellen. Man kennt die Moderatoren aus Talk-Shows und News-Magazinen – das sind die Leute, die Fragen von Kärtchen ablesen und Studiogäste interviewen. Außerdem verwendet man heute lieber den Begriff „Besprechungsmoderation" an Stelle von „Besprechungsleitung". Klingt ja auch viel moderner.

Doch durch solche Assoziationen hat sich die Vorstellung der ModerationsMethode, die in den 70er Jahren von Eberhard Schnelle, Dr. Karin Klebert und Dr. Einhard Schrader im Quickborner Team entwickelt wurde, etwas verwässert. Die ModerationsMethode war damals wie heute eine kunstfertige Technik, „das Gespräch zwischen Menschen sinnvoll und ergebnisreich zu machen" (vgl. Klebert, Schrader & Straub: „ModerationsMethode", Windmühle Verlag). Sie wurde entwickelt, um die Mitarbeiter stärker in Entscheidungsprozesse zu integrieren, Mitbestimmung zu ermöglichen und Betroffene zu Beteiligten zu machen. Dementsprechend lässt sich die Methode philosophisch nicht vom Wertewandel der späten 60er Jahre trennen.

Inzwischen ist man noch einen Schritt weitergegangen. In den folgenden Jahrzehnten hat die Teamarbeit deutlich an Stellenwert zugenommen. Es gilt hier das Bild des eigenverantwortlichen, denkenden Mitarbeiters, der gemeinsam im Team mit Kollegen synergetisch und aufgabenübergreifend plant und arbeitet. (Zumindest ist es eine beliebte Forderung der Führungskräfte, die leider nicht selten durch ihr eigenes Verhalten dazu beitragen, diese Vision gerade nicht Realität werden zu lassen.)

Die Zauberworte der 90er hießen – und heißen in vielen Unternehmen immer noch – KAIZEN, die Suche nach kontinuierlichen Veränderungsprozessen (KVP), Total Quality Management (TQM), Einführung von Gruppenarbeit in Produktionsunternehmen und Teamarbeit. Die ModerationsMethode blieb dabei ein wesentliches Element zur Realisierung dieser neuen Konzepte:

Im Rahmen von Workshops unterstützen ein oder auch zwei Moderatoren eine Gruppe von Teilnehmern dabei, eine bestimmte Fragestellung zu bearbeiten und gemeinsam Maßnahmen zu entwickeln, die möglichst von der gesamten Gruppe getragen werden. Dabei setzen sie unterschiedliche Methoden und Techniken ein, um den Prozess zu steuern und die Ergebnisse zu visualisieren. Sie greifen jedoch zu keinem Zeitpunkt inhaltlich ein, sondern bleiben inhaltlich neutral.

Wie sie das tun, lässt sich am besten anhand von konkreten Beispielen verdeutlichen.

Kapitel 1

Die Aufgaben des Moderators als Workshop-Leiter und sein Handwerkskoffer

In diesem Kapitel erwarten Sie:

- Vorabinformationen der Teilnehmer
- Visualisieren
- Methoden einsetzen
- Spielregeln aufstellen
- Teilnehmer aktivieren
- Wichtige Moderationstechniken

Beispiel: Der neue Prozessbegleiter

Begleiten wir Albert Braun auf seinem Weg zu seiner ersten Moderation.

Albert Braun ist 36, Ingenieur und seit vier Jahren in einem Unternehmen der Automobil-Zulieferindustrie tätig. Hier hat man sich entschlossen, KVP einzuführen, und Herr Braun wurde zum Prozessbegleiter ernannt. Seine Aufgabe: Er soll die unterschiedlichen Abteilungen und Gruppen dabei unterstützen, ihre Prozesse zu analysieren, Optimierungspotenzial zu erkennen, geeignete Verbesserungsmaßnahmen zu entwickeln und diese auch umzusetzen.

Im Unternehmen pflegt man das „Learning by doing“ – dementsprechend hat man Herrn Braun ins kalte Wasser geworfen. Er soll sich im ersten Schritt mit einzelnen Abteilungen zusammensetzen und diese Sitzungen moderieren.

Montag Morgen, 9 Uhr: die erste Sitzung mit der Einkaufsabteilung. Man trifft sich im Konferenzraum. Alle sitzen um einen runden Tisch und blicken erwartungsfroh auf Herrn Braun. Der weiß nicht so recht, wie er anfangen soll. Da noch ein Nachzügler fehlt, wartet er einige Minuten. In dieser Zeit entspinnt sich schon ein erstes Gespräch zwischen den Teilnehmern über einen anstehenden Termin am Nachmittag mit einem neuen Lieferanten. Der Einkaufsleiter schildert die zu erwartenden Gesprächspunkte. Alle sind ganz Ohr, das geplante Thema – Prozessverbesserung – ist in den Hintergrund gerückt. Inzwischen sind alle da, Herr Braun weiß aber nicht so recht, wie er den Einkaufsleiter, der inzwischen monologisiert, auf das Thema bringen soll, ohne unhöflich zu werden. Der Einkaufsleiter erkennt jedoch die Situation und legt die Moderation in die Hände von Herrn Braun. Dieser spricht kurz das Thema KVP an und bittet dann die Teilnehmer, konkrete Prozesse zu benennen, die man verbessern könnte. Sofort hagelt es Ideen. Nicht nur Prozesse werden benannt, sondern auch viele konkrete Ideen geäußert. Herrn Braun fällt es schwer, den Überblick zu behalten, obwohl er sich eifrig Notizen macht. Während er noch mitschreibt, wer-

den erste Ideen schon von anderen Abteilungskollegen abgeschossen. Es herrscht anscheinend eine gewisse Spannung zwischen zwei Mitarbeitern, die ähnliche Aufgaben zu erledigen haben und jetzt anfangen, sich gegenseitig die Schuld an Verzögerungen in die Schuhe zu schieben. Jetzt bilden sich innerhalb der Sitzung kleinere Diskussionsrunden: Hier diskutiert man über den Beauftragungsprozess, dort geht es um die Entscheidungen innerhalb der Geschäftsführung, und zwei Mitarbeiter schimpfen gemeinsam über die Logistik des Unternehmens.

Herr Braun bemüht sich, die verschiedenen Anregungen mitzuschreiben, fragt auch nach, um nichts zu verpassen. Aber er kann nicht verhindern, dass sich die Diskussion immer wieder auf andere Themen verlagert, die Gruppe also zwischen unterschiedlichen Bereichen springt. Nach ca. einer Stunde fasst er seine Erkenntnisse zusammen und stellt der Gruppe die angesprochenen Verbesserungsmaßnahmen noch einmal vor. Allerdings sind die Maßnahmen häufig unkonkret, so dass sie kaum umzusetzen sind. Auch zeigt sich, dass einzelne Teilnehmer wieder beginnen, die angeregten Maßnahmen zu diskutieren und in Frage zu stellen. Von einer Konsensbildung ist die Gruppe weit entfernt. Da die Zeit um ist, verabschiedet sich Herr Braun und zieht sich zurück.

Im stillen Kämmerlein lässt er die Sitzung Revue passieren und ist mit sich sehr unzufrieden. Die Fragen, die ihn bewegen, sind:

- Wie kann ich vermeiden, dass uns das Tagesgeschäft immer wieder einholt?
- Wie kann ich vermeiden, dass alle durcheinander reden?
- Wie kann ich sicherstellen, dass alle bei einem Thema bleiben und motiviert mitmachen?
- Wie schaffe ich es, alles mitzuschreiben und trotzdem aktiv die Diskussion zu führen?

Wie trennt man das Tagesgeschäft vom Workshop?

Schriftlich einladen

Hier hilft zum Ersten schon einmal eine detaillierte Einladung der Teilnehmer mit einem klar formulierten Workshop-Thema (s. Beispiel). So ist jedem Teilnehmer klar, dass es sich bei dieser Sitzung um etwas Besonderes handelt. Herr Braun ging wohl davon aus, dass der zuständige Abteilungsleiter seine Mitarbeiter über die anstehende Sitzung informiert.

Was gehört in die schriftliche Einladung?

Verantwortung für Einladung und Vorab-Information übernehmen

Herr
Sebastian Müller
- Abt. Innendienst Walzteile

Mannheim, 2003-08-25

Einladung zum KVP-Workshop „Kundenorientierung als Unternehmensziel"

Guten Tag, Herr Müller!

In unserem neuen Leitbild spielt „Kundenorientierung" eine große Rolle. Was bedeutet das konkret für die Mitarbeiter und die einzelnen Abteilungen? Dies wollen wir gemeinsam diskutieren und Maßnahmen überleger, wie wir zukünftig noch kundenorientierter agieren können.

Wir laden Sie herzlich ein zu unserem

KVP-Workshop „Kundenorientierung als Unternehmensziel":

Wann?	**am 24.9.2003 von 9 Uhr bis ca. 13 Uhr**
Wo?	**im Konferenzraum „Atlantis"**
Moderation:	**Frau Signoret, Marketing**
Unser Ziel heute:	**Schwachstellen aufdecken und Ideen sammeln**

Zu einem späteren Zeitpunkt werden wir dann gemeinsam Lösungsstrategien entwickeln und Umsetzungsmaßnahmen festlegen. Wir freuen uns auf Ihre Teilnahme!

Freundliche Grüße

Karin Signoret

Verteiler:
Herr Müller (Innendienst), Herr Walter (Außendienst), Frau Straub (Außendienst), Herr Kaltwasser (Technischer Service), Frau Wicklung (Marketing), Herr Zander (Vertriebsleitung)

Informieren Sie die Teilnehmer in der schriftlichen Einladung über:

- das Thema der Besprechung
- das formale Besprechungsziel
- den Teilnehmerkreis
- Ort und Zeit
- den Zeitrahmen der Besprechung.

So machen Sie bereits vorab deutlich, dass es sich bei der Sitzung nicht um „Tagesgeschäft" handelt!

Was brauche ich für einen Workshop?

Die Ausstattung des Raums spielt eine wesentliche Rolle.

Kreative Umgebung schaffen, die sich vom Tagesgeschäft abhebt

Ein wesentlicher Bestandteil der ModerationsMethode ist die Schaffung eines kreativen und „spielerischen" Umfelds. Die Teilnehmer sitzen nicht an einem runden Tisch, sondern im so genannten Stuhlkreis, der auf den Moderator und die Arbeitsmittel (d.h. Pinnwände und Flipchart) fokussiert ist.

Das schafft eine gewisse „Wohnzimmeratmosphäre". Keiner kann sich hinter dem Tisch verstecken, mal eben den Palmtop programmieren oder Zeitung lesen. Jeder kann jedem in die Augen schauen, so dass man Signale der anderen Teilnehmer erkennen und miteinander diskutieren kann. Es ist auch keine schulische Situation, sondern ein ganz entspanntes Sitzen in einem gemeinsamen Diskussionskreis.

Tipp:

Häufig gibt es zwar einen schönen großen Konferenzraum, aber Gruppenarbeitsräume sind knapp. Bleiben Sie hier konsequent: Es ist den Teilnehmern nicht zuzumuten, in der Cafeteria, im Foyer oder in anderen quasi öffentlichen Räumen zu arbeiten. Das hemmt und stört die Sacharbeit. Nutzen Sie lieber freie Büros der Teilnehmer (falls diese diszipliniert genug sind, nicht mal eben ihre E-Mails abzufragen). Oder gehen Sie mit der Gruppe in ein Tagungshotel. Das hätte auch den Vorteil, dass die neue und ungewohnte Umgebung die Teilnehmer aus dem Tagesgeschäft holt und den nötigen Abstand schafft für die Kreation neuer Denkmodelle.

Manchmal treffen wir auch auf Konferenzräume, die zwar wunderbar groß, hell und mit neuestem Equipment bestückt sind, die aber in der Mitte einen riesigen, nicht abbaubaren Konferenztisch beherbergen. Auch dieser Raum ist nicht geeignet. Sie brauchen den Stuhlkreis, um die Dynamik der ModerationsMethode freisetzen zu können!

Tipp:

Apropos entspannt: Wundern Sie sich nicht, wenn Ihre Teilnehmer zu Beginn alles andere als entspannt sind. Viele vermissen Tische (natürlich auch als Rückzugsmöglichkeit), empfinden das Sitzen im Kreis als eher unangenehm. Es ist schlichtweg fremd und ungewohnt – und alles, was ungewohnt ist, wird gerne abgelehnt (was der Bauer nicht kennt,...). Mit der Zeit lässt diese Spannung bei Ihren Teilnehmern nach, halten Sie einfach so lange aus.

Standardarbeitsmittel in der Moderation sind:

- Flipchart
- Pinnwände, Packpapier zum Bespannen
- Moderationsmaterial.

Schon die Raumgestaltung mit diesen Elementen wirkt in der Regel auflockernd und stimulierend. Das bietet die Grundvoraussetzung dafür, dass die Teilnehmer tatsächlich das Tagesgeschäft vor der Tür lassen.

Alle Arbeitsergebnisse sollten während der Moderation stets sichtbar sein!

Die beigefügte Checkliste (beispielhaft für einen eintägigen Workshop mit 15 Teilnehmern) soll Ihnen einen Eindruck vermitteln, was zu tun ist. Denken Sie daran, der Overhead-Projektor gehört – auch wenn er in den Firmen inzwischen zum beliebtesten Medium wurde – nicht zum typischen Workshop-Equipment, weil er dem Prinzip der Moderations-Methode widerspricht. Jeder bearbeitete Schritt sollte zu jedem Zeitpunkt innerhalb der Moderation visualisiert und sichtbar sein. (Das Tabu gilt übrigens ebenso für den Beamer.) Die Vorteile:

- Die Gruppe kann folgen, auch wenn Einzelne mal eine mentale Auszeit nehmen.

- Man kann sich einzelne Schritte immer wieder vergegenwärtigen.
- Nichts Wichtiges geht verloren.
- Einzelne Bereiche können übersichtlicher parallel bearbeitet werden.
- Es ist ein gutes Erfolgserlebnis für die Teilnehmer, wenn sie sich das bereits Erarbeitete immer wieder vor Augen führen.
- Als Moderator vermeiden Sie Redundanzen, denn Sie können bei wiederholten Beiträgen darauf verweisen, was bereits gesagt wurde.

Diese Vorteile sollten Sie nicht leichtfertig verspielen, nur weil „Microsoft-Powerpoint" so praktisch in der Vorbereitung ist. (Das Programm sei hier nur beispielhaft genannt. Es gibt noch viel andere gute, aber in der ModerationsMethode völlig überflüssige Software.)

Tipp:

Natürlich achten Sie vorab darauf, dass genügend Moderationsmaterial vorhanden ist. Trotzdem noch einige Hinweise aus leidvoller Erfahrung:

- Prüfen Sie, ob die Stifte wirklich schreiben.
- Achten Sie darauf, dass genügend Pinn-Nadeln vorhanden sind (die werden am meisten unterschätzt). Nehmen Sie möglichst die Pinn-Nadeln mit dicken Köpfen, diese lassen sich am leichtesten stecken.

Falls Sie Moderationsmaterial im Hotel mit anmieten: Das bereitgestellte Material ist für Workshops immer zu knapp bemessen! Die angebotenen Koffer sind in der Regel halb leer. Bringen Sie den eigenen gut gefüllten Moderationskoffer mit!

Im Zweifel hilft nur der eigene Moderationskoffer!

Checkliste: Arbeitsmittel

- Stuhlkreis für ca. 15 Teilnehmer, je nach Bedarf
- 8-10 Pinnwände mit Papierbespannung
- 1-2 Flipcharts mit Flipchartblöcken
- 15 schwarze Flipchartmarker (z.B. uniProckey mit Keilspitze) für die Teilnehmer (Strichstärke ca. 0,5 cm)
- 8 Flipchartmarker mit Keilspitzen in verschiedenen Farben für die Moderatoren (Strichstärke ca. 1 cm)
- jeweils 200 rechteckige Kärtchen (ca. 10 mal 20 cm) in 4 verschiedenen Farben
- jeweils 50 Kuller in 2 verschiedenen Durchmessern und 4 Farben
- jeweils 50 Ovale in 4 Farben
- jeweils 50 Rauten in 4 Farben
- ca. 20 Wolken
- ca. 20 Überschriftenstreifen
- jeweils 200 Punkte in 3 Farben
- ca. 500 Pinn-Nadeln
- 1 Schere
- mindestens 1 Klebestift
- 1 Rolle Krepp-Band
- Namensschilder für alle Beteiligten

Wie sorge ich für die nötige Zielorientierung?

Also, nutzen Sie Flipcharts und Pinnwände. So können Sie im Zweifel mit einem kurzen Blick auf das Arbeitsthema die Diskussion wieder auf das Wesentliche konzentrieren.

Arbeitsthema jederzeit sichtbar visualisieren

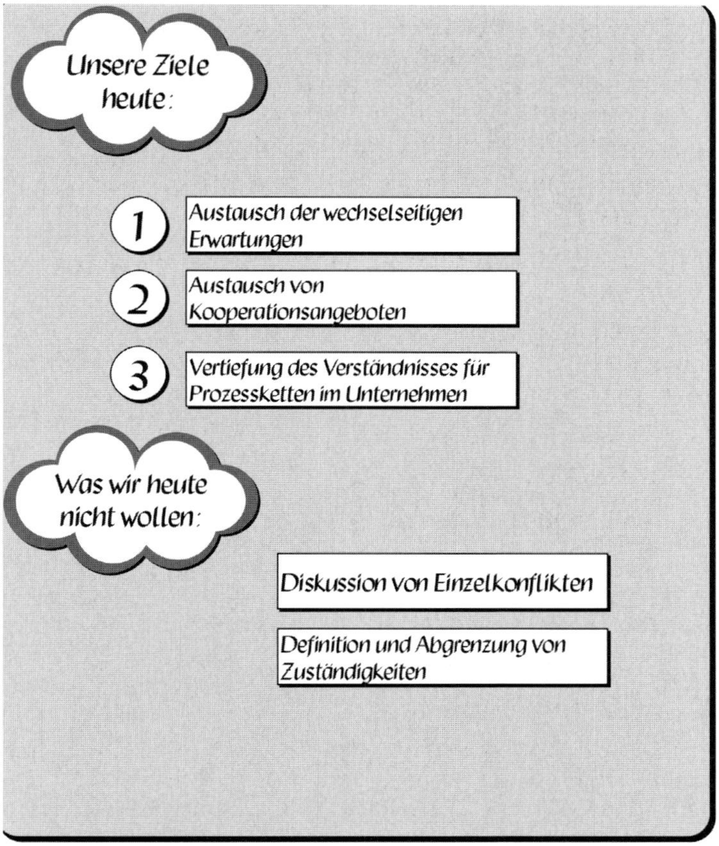

Abbildung 1: Workshop-Ziele

Wie verhindert man, dass alle durcheinander reden?

Spielregeln vereinbaren

Normalerweise kann man davon ausgehen, dass alle Teilnehmer erwachsen und gut erzogen sind und die elementaren Höflichkeitsregeln kennen und beachten. Deshalb können Spielregeln wie der erhobene Zeigefinger wirken. Trotzdem sind Spielregeln ausgesprochen nützlich, wenn viele Leute in einer Gruppe sind und die Diskussion hoch hergeht. Manchmal hat sich im Unternehmen auch eine ungute Diskussionskultur entwickelt: Man sucht nach Schuldigen statt nach Lösungen. Das führt zwangsläufig dazu, dass sich die Argumentation von der Sach- auf die Beziehungsebene verlagert. Dann helfen Spielregeln, die Diskussion wieder zu versachlichen.

Bewährte Spielregeln bei Sachthemen:

Spielregeln bei Sachthemen

- Wir lassen einander ausreden!
- Wir hören einander zu!
- Wir bleiben beim Thema!
- Wir verwenden keine Killerphrasen!
- Wir schalten alle Handys aus!

Bewährte Spielregeln bei Konflikt-Workshops:

Spielregeln bei Konflikt-Workshops

- Wir sprechen per „ich“ und nicht per „man“ oder „du“ – also: „ich wünsche mir“ statt: „man sollte mal“ oder: „du tust immer“.
- Wir vermeiden Generalisierungen – wir schildern konkret, was wir erlebt haben.
- Wir vermeiden Bewertungen – wir sind nicht das Maß der Dinge.
- Kein Gang durchs Museum – uns interessiert nur das Hier und Jetzt!
- Killerphrasen vermeiden. Dazu gehören z.B.:
  - „Das lässt sich bei uns nicht machen.“
  - „Das ist viel zu teuer.“
  - „Das haben wir schon vor zehn Jahren besprochen.“
  - „Das dauert viel zu lange.“
  - „Die Idee ist alt.“
  - „Das haben wir schon immer so gemacht.“

- ... und all die anderen Sätze, die jede neue Idee im Keim ersticken...

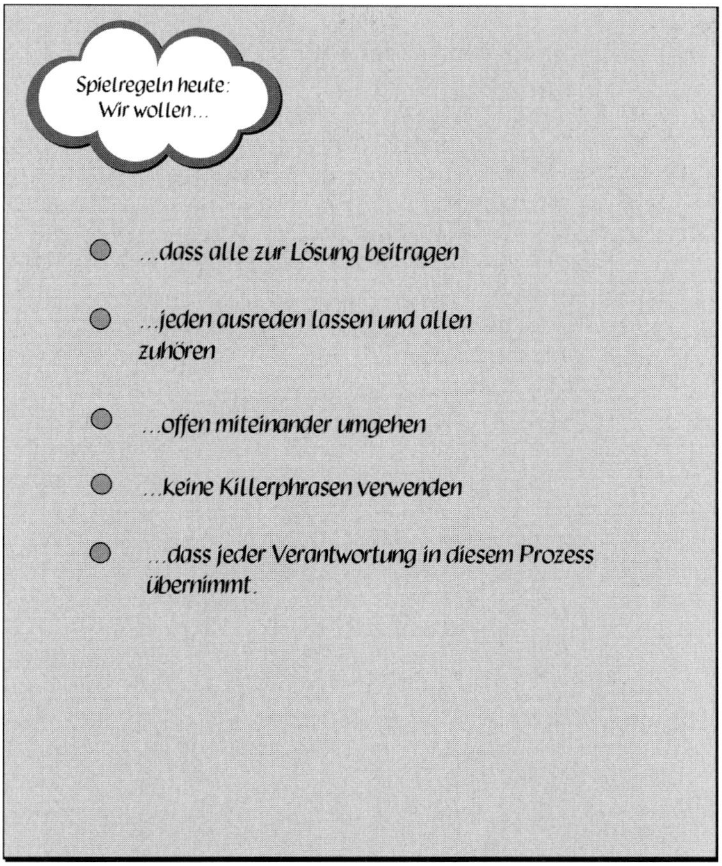

Abbildung 2: Spielregeln

Tipp:

Manche Menschen fühlen sich bevormundet, wenn man ihnen Spielregeln diktiert. Formulieren Sie deshalb die Spielregeln als Vorschlag, diskutieren Sie sie mit der Gruppe, lassen Sie Raum für Ergänzungen oder Modifikationen. Wenn sich die Gruppe aktiv mit den Spielregeln auseinander gesetzt hat, ist die Wahrscheinlichkeit wesentlich höher, dass sich jeder für ihre Einhaltung einsetzt. Die Gruppe übernimmt damit auch ein Stück weit die Verantwortung. So bieten Sie als Moderator weniger Angriffsfläche, weil Sie nicht ständig selbst einzelne Teilnehmer disziplinieren müssen.

Exkurs: Die Ebenen menschlichen Verhaltens

Unterscheiden zwischen Sach- und Beziehungsebene

Menschliches Verhalten wird nicht nur durch unsere Kognitionen, also unsere Denkprozesse bestimmt, sondern auch durch unsere Gefühle. Wir unterscheiden hier zwischen der Sach- und der Beziehungsebene. Man kann das mit einem Eisberg vergleichen (vgl. Schnappauf, Rudolf: „Verkaufspraxis“, 1995). Über der Wasseroberfläche – das heißt: bewusst – arbeiten wir auf der Sachebene: Wir sammeln Informationen, sichten Daten und Fakten, analysieren, bewerten und treffen Entscheidungen. Aber unsere Meinungen und Analysen werden eben nicht nur von Daten und Fakten geprägt, sondern gleichermaßen von Erfahrungen, damit verbundenen Emotionen, Vorurteilen und Meinungen, von Wahrnehmungsfiltern, verinnerlichten Wertesystemen und Grundhaltungen. All dies findet quasi unter der Wasseroberfläche statt – ist uns also nicht bewusst –, macht aber genau genommen den Hauptanteil unserer Verhaltenssteuerung aus.

In der Moderation dürfen wir diesen Part also keineswegs ausklammern. Natürlich wollen wir im beruflichen Alltag meist ein Ergebnis auf der Sachebene erreichen. Wenn wir jetzt aber so tun, als wäre der andere Aspekt nicht vorhanden, tun wir der Sache keinen Gefallen. Denn es hat durchaus Sinn, sich bewusst zu machen, welche Erfahrungen, Werte, Vorurteile, Sym- und Antipathien eine Rolle spielen, wenn eine Sachentscheidung getroffen wird. Entscheidungen werden – wie der Volksmund sagt – „aus dem Bauch“ getroffen.

Wenn eine Gruppe emotional stark mit einem Thema beschäftigt ist, passiert es häufig, dass sich die Diskussion von der Sachebene auf die Beziehungsebene verlagert. Statt sachlicher Auseinandersetzung gibt es jetzt Schuldzuweisungen, persönliche Angriffe, Rechtfertigungsbemühungen,

Polarisierungen und den Aufbau von Fronten, die Frage nach Recht und Unrecht. Ist die Diskussion an diesem Punkt angekommen, kann eine sachgerechte Entscheidung nicht mehr getroffen werden.

Die Aufgabe des Moderators ist es nun, die Diskussion zu versachlichen. Das heißt nicht, dass Befindlichkeiten und Emotionen ausgeklammert werden (das wäre die Vogel-Strauß-Taktik!), sondern dass der Moderator versucht, die Befindlichkeiten zu erkennen und sachlich anzusprechen.

Was tun, damit die Gruppe beim Thema bleibt?

Möglicherweise helfen Ihnen da schon die Spielregeln und das visualisierte Workshop-Ziel. Glück gehabt! Manchmal muss man sich aber genauer mit dem Ablauf der Moderation beschäftigen. Denn Teilnehmer beginnen häufig, thematisch zu springen, wenn sie sich langweilen oder wenn ein anderes Thema emotional stärker besetzt ist und damit den Ablauf überschattet. Hier greift der Moderator direkt ein, indem er Fragen stellt.

Durch gezielte Fragen Teilnehmer zur Zusammenarbeit motivieren!

Leicht gesagt, aber das ist das zentrale Geheimnis in der Moderation. Versetzen Sie sich in die Rolle der Workshop-Teilnehmer: Wie geht es Ihnen mit diesem Thema? Reizt es Sie? Fühlen Sie sich betroffen? Ist es Ihnen wichtig, sich inhaltlich einzubringen, sich zu engagieren? Nein? Nun, dann sind Sie entweder der falsche Teilnehmer (es passiert schon einmal, dass Leute eingeladen werden, die zum Thema nichts zu sagen haben. Dazu kommen wir später). Möglicherweise war es aber auch die falsche Frage.

Eine der wesentlichen Aufgaben des Moderators ist, die Motivation der Teilnehmer durch gezielte Fragen zu erreichen. Die zu stellenden Fragen zielen einerseits auf die Sachebene, andererseits aber auf die Beziehungsebene. Denn Motivation spielt sich nicht unbedingt im Kopf ab, sondern vielfach im „Bauch".

Zur Verdeutlichung ein anderes Szenario aus der Praxis:

Ziel der Moderation von Peter Huber ist die Erarbeitung von Maßnahmen, um den Fertigungsprozess innerhalb eines bestehenden Fertigungssegments zu beschleunigen. Dazu soll er mit den Arbeitern innerhalb dieses Segments Ideen entwickeln und Lösungswege finden. Doch Herr Huber hat nicht viel Zeit für das Meeting. Deshalb startet er direkt mit der Frage: „Wie können wir den Fertigungsprozess in diesem Segment beschleunigen?“

Was, glauben Sie, passiert?

Statt sich sachlich mit der Frage auseinander zu setzen, hagelt es plötzlich Angriffe auf die Geschäftsleitung, auf den Workshop, den Zeitverlust mit dieser Art der Arbeit und, und, und...

Falsche Fragen verursachen Beziehungsstörungen

Was die Teilnehmer nämlich tatsächlich gehört haben, war:

„Ihr arbeitet zu langsam.“

„Ihr gebt euch zu wenig Mühe.“

„Ihr seid schuld daran, dass wir in diese Lage gekommen sind.“

„Ihr müsst mehr arbeiten für euer Geld.“

„Strengt euch gefälligst an.“

Und dann haben sie so reagiert, wie viele Menschen auf einen „Angriff“ reagieren: mit Rechtfertigungen, mit Gegenangriffen, mit Schuldzuweisungen.

Die Wahrscheinlichkeit, dass Sie in einem solchen Fall konstruktiv an der Sache weiterarbeiten können, ist minimal. Die Teilnehmer haben sozusagen nicht mit ihrem Sachohr, sondern mit ihrem Beziehungsohr bzw. Appellohr zugehört (siehe „Die vier Seiten einer Nachricht“). Das Engagement zur Mitarbeit ist zwar nun vorhanden, aber leider nicht zielgerichtet.

Exkurs: Die vier Seiten einer Nachricht

Auch Kommunikation hat einen Sach- und einen Beziehungsaspekt (vgl. Watzlawick, P. und Beaven, J.H.: Menschliche Kommunikation, Stuttgart 1969). Das liegt daran, dass Informationen zwischen zwei Gesprächspartnern wie überhaupt zwischen zwei Menschen nicht nur über Worte (verbal) übertragen werden. Es laufen auch nonverbale Informationen, zum Beispiel über den Gesichtsausdruck oder eine Handbewegung. Mimik und Gestik beeinflussen das Verständnis der gesprochenen Sprache sehr stark. Die Aussage einer Führungskraft „Das ist mal ein interessanter Vorschlag!" wird sehr unterschiedlich aufgefasst, je nachdem, ob die Führungskraft bei den Worten lächelt oder die Stirn runzelt.

Auch die Stimme selbst hat wesentlichen Einfluss auf das Verständnis von Sprache (Stimmlage, Lautstärke, Intonation). In Untersuchungen zu nonverbalem Verhalten (vgl. Mehrabian, 1972) hat man festgestellt, dass, wenn es um die Glaubwürdigkeit von Informationen geht, die Wortwahl selbst nur 7 Prozent ausmacht, 33 Prozent der Informationen werden durch den Tonfall übertragen und 55 Prozent durch Mimik und Gestik. Dies gilt natürlich nur dann, wenn das, was gesagt wird, nicht mit dem Tonfall oder der Mimik und Gestik übereinstimmt.

Schulz von Thun (1981) nennt sogar vier Ebenen einer Nachricht, indem er die Beziehungsebene genauer definiert.

- Sachebene: Was ist der Informationsgehalt der Botschaft?
- Beziehungsebene, unterteilt in drei Aspekte:
  - Selbstkundgabe (was sage ich über mich selbst aus, wenn ich etwas sage?)
  - Beziehung (was sage ich über meine Beziehung zum Empfänger aus, wenn ich etwas sage?)
  - Appell (was möchte ich beim Empfänger erreichen, wenn ich etwas sage?).

Wahrnehmung und Vermutung müssen getrennt werden

Diese Beziehungs-Botschaften, die bei jeder Nachricht „mitschwingen", werden jedoch vom Empfänger nicht unbedingt so verstanden, wie sie gemeint sind. Da der Empfänger ja nun nicht genau weiß, was der andere wirklich meint, ist er auf Vermutungen angewiesen. Er interpretiert die Botschaften. (Dieser Prozess läuft üblicherweise unterbewusst ab. Erfahrungsgemäß ist der Empfänger anschließend davon überzeugt, er „wüsste" genau, was der Sender meinte.) Die Interpretation der Botschaften wird gefärbt durch Vorerfahrungen, Meinungen, Sympathie oder Antipathie etc. – sprich: durch den kompletten Eisberg unter der Wasseroberfläche. Je nachdem, auf welchem „Ohr" der Empfänger gerade hört und wie er die Nachricht bewertet, sind seine Reaktionen völlig unterschiedlich.

- Sachohr: Was hat er gesagt?
- Appellohr: Was will er von mir? Was soll ich tun?
- Beziehungsohr: Wie spricht er mit mir? Wen glaubt er vor sich zu haben?
- Selbstkundgabeohr: Was verrät mir das über ihn? Was sagt er über sich selbst aus?

Achten Sie bei der Formulierung Ihrer Schlüsselfragen also einerseits darauf, wie Sie die Teilnehmer motivieren können, sich zu engagieren, andererseits aber auch, dass sie sich nicht angegriffen fühlen.

Ein möglicher Ansatz der Fragestellung wäre in diesem Fall zum Beispiel:

„Was ärgert Sie bei Ihrer Arbeit?"

„Was würden Sie gerne ändern, wenn Sie es könnten?"

Die meisten Mitarbeiter kennen sehr wohl die Schwachpunkte in den Prozessen, ärgern sich oft über „Überflüssiges",

„Fehlerhaftes“ oder „Dummes“. Geben Sie ihnen die Möglichkeit, ihrem Ärger Luft zu machen. Bieten Sie die Chance, die Dinge abzustellen, nehmen Sie Anregungen und Kritik entgegen.

Jetzt sind Sie in der Sacharbeit. Die Mitarbeiter sind engagiert, weil ihnen endlich jemand zuhört, weil sich jemand die Mühe macht, sie zu befragen.

Dies ist praktizierte Wertschätzung!

So erhalten Sie eine Menge Anregungen, um den Fertigungsprozess tatsächlich zu beschleunigen, auch wenn Sie nicht direkt danach gefragt haben.

Wer nimmt am Workshop teil?

Die richtigen Teilnehmer einladen

Wer sind die richtigen Teilnehmer?

Das sind all diejenigen, die

- betroffen sind
- über wesentliche Informationen verfügen, um ein tragfähiges Ergebnis sicherstellen zu können
- anschließend die Umsetzung übernehmen sollen und dementsprechend das Ergebnis akzeptieren sollten
- bestimmte Fähigkeiten besitzen, die den Workshop-Verlauf positiv beeinflussen.

Die richtigen Teilnehmer stellen das grundlegende Engagement sicher, so dass die Beteiligten auch am Thema arbeiten.

Im oben erwähnten Fall der Prozessoptimierung sollten zum Beispiel alle Mitarbeiter der Abteilung teilnehmen, weil sie betroffen sind und über wichtige Informationen verfügen.

An einem Workshop, bei dem es darum geht, ein Kundenproblem zu lösen, sollten kompetente Vertreter aus allen tangierten Abteilungen teilnehmen, um eine ganzheitliche Sicht des Problems und der möglichen Lösungen zu erhalten (die Betonung liegt auf dem Wort „kompetent“).

An einem Kreativ-Brainstorming sollten neben den Fachleuten aus der Abteilung auch Fachfremde mit einem hohen kreativen Potenzial teilnehmen, um zu vermeiden, dass sich die Ideen nur in eingefahrenen Bahnen bewegen.

Wenn im Workshop direkt Entscheidungen getroffen werden, sollten natürlich die Entscheidungsträger teilnehmen, damit die Entscheidungen auch Bestand haben.

Letztendlich bestimmt also das Workshop-Ziel, wer am Workshop teilnimmt. Deshalb werden wir im Kapitel „Gut geplant ist halb gewonnen“ diese Thematik noch einmal vertiefen.

Lästig ist es, wenn Vertreter geschickt werden, die in der Sache nichts zu sagen haben. Oder wenn Mitarbeiter und Führungskräfte eingebunden werden, weil „man sie nicht übergehen will“. Hier fehlt dann schon einmal die Motivation zur Arbeit an der Sache, und es müssen eventuell wieder die Spielregeln herhalten.

Tipp:

Wenn Sie den Eindruck haben, dass einzelne Teilnehmer in der Sache nicht engagiert sind, sprechen Sie sie in der Pause kurz an. Falls Sie auf jemand stoßen, der definitiv mit dem Thema nichts zu schaffen hat, stellen Sie ihm frei zu gehen. Falls die mangelnde Anteilnahme andere Gründe hat, hilft häufig auch ein motivierendes Wort über die Wichtigkeit jedes Einzelnen in der Themenbearbeitung.

Wie leitet man die Diskussion und sichert gleichzeitig die Ergebnisse?

Moderieren Sie größere Gruppen (ab 10 Personen) zu zweit!

Wie schaffen Sie es, alles mitzuschreiben und trotzdem aktiv die Diskussion zu leiten? Überhaupt nicht! Versuchen Sie es also gar nicht erst. Hier klärt sich das Geheimnis, warum a) so häufig Workshops zu zweit moderiert werden und b) immer diese „lästige Kärtchenschreiberei" stattfindet.

Der eine Moderator steuert die Diskussion und beobachtet die gruppendynamischen Prozesse, der andere übernimmt die Aufgabe der Visualisierung.

Alle Beiträge visualisieren, damit nichts Wesentliches verloren geht

Grundsätzlich gilt: Wenn Sie sicherstellen wollen, dass die Fragen stringent bearbeitet werden, dass nichts Wichtiges verloren geht und dass Ergebnisse gesichert werden, kommen Sie um eine Visualisierung der Beiträge nicht herum. Andernfalls bleibt die Diskussion schnell auf dem Niveau: Schön, dass wir darüber gesprochen haben. Nur passieren wird nichts...

Wenn Sie sich also nur auf das Visualisieren konzentrieren, können Sie die Diskussion nicht mehr steuern. Damit kann nicht mehr sichergestellt werden, dass wirklich alle, die etwas sagen wollen oder beitragen könnten, tatsächlich zu Wort kommen.

Tipp:

Werden Sie besonders aufmerksam, wenn Sie feststellen, dass es immer die gleichen sind, die sich an der Diskussion beteiligen. Sorgen Sie dafür, dass wirklich alle zu Wort kommen. Denn wenn diese Teilnehmer sich auch in der Gruppe nicht beteiligen – anschließend in gemütlicher Runde haben die meisten durchaus eine klare Meinung. Sie gefährden unter Umständen die Tragfähigkeit des Workshop-Ergebnisses. Berücksichtigen Sie das als Moderator!

Dafür sorgen, dass sich alle Teilnehmer äußern

Das tun Sie natürlich nicht, indem Sie jeden einzelnen Teilnehmer „abfragen", aber arbeiten Sie mit Methoden, die die aktive Beteiligung und Meinungsäußerung aller Teilnehmer ermöglichen.

Jetzt ist der richtige Zeitpunkt gekommen, uns einen Überblick über die klassischen Techniken der Moderation zu verschaffen.

Für den Workshop wichtige Moderationstechniken

Die Karten-Frage

Hiermit haben die meisten von Ihnen möglicherweise schon Erfahrungen machen können. Sie ist ein zentrales Element der Moderation. Sie benötigen dazu:

- 1-2 Pinnwände (je nach Gruppengröße)
- Kärtchen (Format ca. 10 cm hoch und 21 cm breit), am besten in einer Farbe, sowie einige Kuller für die Überschriften der zu bildenden Klumpen
- für jeden Teilnehmer einen Filzschreiber (ca. 0,5 cm Strichstärke)
- eine Wolke, beschriftet mit einer konkreten offenen Frage.

Exkurs: Offene und geschlossene Fragen – wann setze ich welche Frageart ein?

Offene Fragen sind Fragen, die mit einem ganzen Satz beantwortet werden müssen, geschlossene Fragen kann man kurz und knapp mit nur einem Wort bzw. mit „ja" oder „nein" beantworten.

Offene und geschlossene Fragen stellen

Beide Fragenarten haben in der Moderation ihre Berechtigung.

Beispiele für offene Fragen:

- Was motiviert/demotiviert Sie bei Ihrem Job?
- Was fällt Ihnen zum Thema xy ein?
- Welche Chancen/Risiken birgt diese Lösung?

Beispiele für geschlossene Fragen:

- Können wir jetzt zum nächsten Thema weitergehen?
- Wie zufrieden sind Sie mit Ihren Meetings?

Offene Fragen setzt man immer dann ein, wenn man möglichst viele Informationen zu einem Thema von den Teilnehmern erhalten möchte:

- bei Karten-Fragen
- bei Zuruf-Fragen
- in der Kleingruppenarbeit.

Geschlossene Fragen setzen wir dann ein,

- wenn Entscheidungen getroffen werden sollen (z.B. bei Punkt-Fragen und Meinungsbarometern)
- wenn Einverständnis eingeholt wird (z.B. bei Methodenwechseln)
- wenn Themen abgeschlossen werden sollen.

Die Fragen werden in ruhigem, neutralem Ton gestellt. Der Moderator arbeitet in der Regel nicht mit Suggestivfragen. Ausnahmen bestätigen auch hier die Regel: In manchen Fällen kann eine gezielte Provokation dazu führen, dass die Teilnehmer auftauen und sich im Workshop stärker engagieren. Hierbei ist natürlich darauf zu achten, dass sich der Moderator nicht zum Feindbild der Gruppe entwickelt.

Nach diesem kurzen Exkurs zu den Fragearten zurück zur Technik der Karten-Frage:

Jeder Teilnehmer erhält mehrere Kärtchen und schreibt jetzt seine Antworten zu der konkreten Frage auf die Kärtchen. Dabei gelten folgende Regeln:

Schreibtechnik erläutern

- nur ein Gedanke pro Kärtchen
- deutlich schreiben, damit man die Kärtchen auch auf die Entfernung noch gut lesen kann.

Die Anzahl der Kärtchen kann beliebig sein, wenn Sie zum Beispiel so viele Ideen wie möglich sammeln wollen oder ein umfassendes Bild einer Problemsituation bekommen möchten.

Sie können als Moderator aber auch die Anzahl der Kärtchen begrenzen (üblicherweise 3 pro Teilnehmer), wenn Sie möchten, dass sich die Teilnehmer auf die für sie „wichtigsten“ Themen konzentrieren. Dieses Verfahren bietet sich zum Beispiel bei größeren Gruppen an, da die Anzahl der geschriebenen Kärtchen sonst schnell so hoch wird, dass man die Übersicht über die Beiträge verliert.

Falls die Anonymität der Frage wesentlich ist, sollten die Karten möglichst von einer Farbe sein, damit man nicht anhand der Kartenfarbe erkennt, wer die Karten geschrieben hat.

Um den Prozess zu beschleunigen, können Sie aber auch die Kartenfarben gezielt als Bedeutungstäger einsetzen. Beispielsweise eine Stärken-/Schwächen-Analyse: „Was läuft gut?“ wird auf grüne Kärtchen geschrieben, „Was müsste verbessert werden?“ auf rote. So erhalten Sie nicht nur eine Menge Gedanken zu einem Thema, sondern auch gleich ein optisches Stimmungsbild der Gruppe.

Die geschriebenen Kärtchen werden eingesammelt und an die Pinnwand geheftet. Bei geübten Gruppen machen das die Teilnehmer auch schon einmal selbst.

Jetzt werden die Kärtchen gesichtet und ähnliche oder identische Beiträge zusammengehängt (Clustern oder Klumpenbildung). Dieses Clustern übernehmen die Teilnehmer, das heißt, sie entscheiden, was inhaltlich zusammengehört, und nicht der Moderator.

Anschließend schauen sich die Teilnehmer die einzelnen Kärtchen-Klumpen an und suchen gemeinsam Überschriften für die Klumpen, um die Vielzahl der Gedanken und Ideen zu strukturieren. So lässt sich anschließend leichter mit den Klumpen weiterarbeiten. Die Überschriften werden auf die Kuller notiert und zu den Kärtchen gehängt.

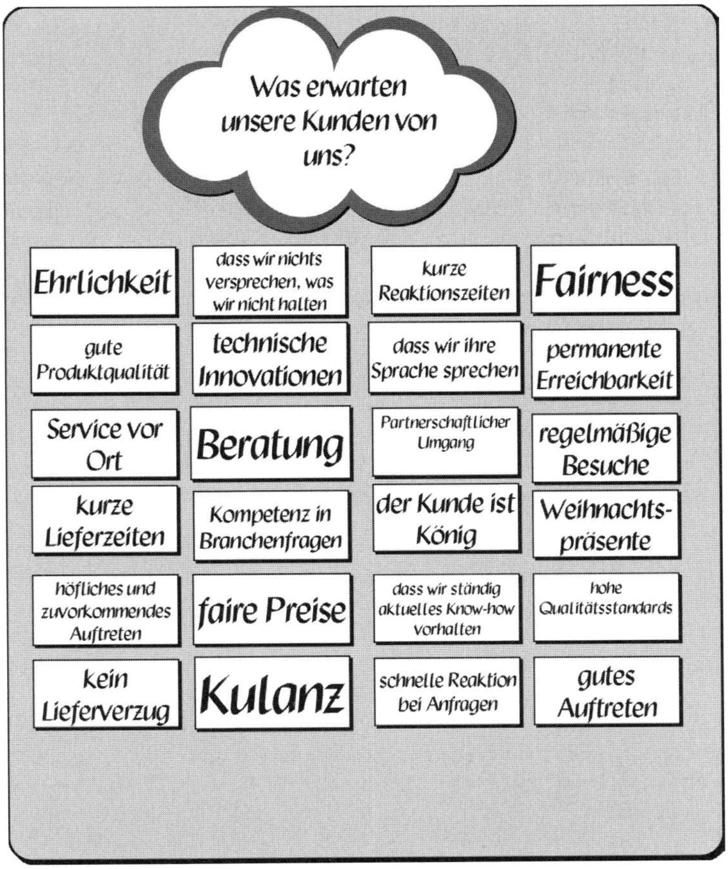

Abbildung 3: Karten-Frage, noch nicht geclustert

Tipp:

Nicht selbst aktiv clustern!

Ich beobachte immer wieder, dass sich Moderatoren hinreißen lassen, das Clustern oder die Überschriften selbst zu übernehmen. Tun Sie es nicht! Es gibt keine bessere Methode, die Teilnehmer zu vergrätzen oder aus der Verantwortung zu entlassen!

Die Vorzüge dieser Methode:

- Jeder Teilnehmer sagt bzw. schreibt seine Meinung, seine Gedanken zu einer bestimmten Fragestellung. Es spielt keine Rolle, ob er schüchtern oder in der Diskussion aktiver Meinungsführer ist, ob er eine Führungsrolle im Team hat oder „nur" Mitarbeiter ist.
- Die Meinungsäußerung ist quasi anonym. Das senkt die Scheu, seine Meinung kundzutun.
- Alle Gedanken sind gleich schriftlich fixiert, so dass nichts Wichtiges verloren gehen kann.
- Man sieht auf einen Blick, welche Gedanken sich besonders häufig finden.

Die Karten-Frage ist somit das Standard-Werkzeug in der ModerationsMethode. Wollten Sie mit einer herkömmlichen offenen Diskussion zu einem ähnlich breiten Stimmungsbild, einer aktiven Beteiligung aller und einer grundlegenden Strukturierung von jedem Beitrag kommen, würden Sie normalerweise mehrere Stunden diskutieren müssen.

Weil die Karten-Frage ein so zentrales Werkzeug ist, widmen wir ihr ein gesondertes Kapitel über Tücken und Fallen.

Die häufigsten Störquellen bei der Karten-Frage

Anonymität wird nicht gewahrt

Das kann passieren, wenn die Teilnehmer zum Beispiel Kärtchen oder Stifte in unterschiedlichen Farben haben. Wenn jetzt Hierarchen mit im Team sind, tut sich der eine oder andere mitunter schwer, aufzuschreiben, „was ihn schon immer genervt hat". Wenn die Gruppe offen ist, spielt das meist keine Rolle. Bei Gruppen, die aber noch wenig Erfahrung mit Workshops haben, kann das ein ernstes Hindernis sein.

Was ist zu tun?

Besorgen Sie genügend Kärtchen und Stifte in einer Farbe. Gehen Sie nie davon aus, dass der Moderationskoffer schon ausreichend bestückt sein wird. Überprüfen Sie es persönlich.

Manchmal gibt es auch beim Aufhängen der Kärtchen Fragen zu einzelnen Beiträgen. Damit wird natürlich ebenfalls die Anonymität zum Teil aufgehoben.

Was kann man noch tun?

Vermeiden Sie Formulierungen wie: „Wer war das?“ – „Wer hat das geschrieben?“

Nicht nach dem Autor fragen!

Verwenden Sie Formulierungen wie: „Was ist damit gemeint?“ – „Verstehe ich das richtig, dass...?“ Meistens meldet sich der Schreiber dann zu Wort und erläutert seinen Beitrag. Manchmal springt auch jemand anders ein und interpretiert das Stichwort aus seiner Sicht. Falls sich wirklich keiner meldet, belassen Sie es erst einmal dabei. Insistieren Sie nicht. Vertrauen baut sich in der Regel innerhalb der ersten Stunde des Workshops auf. Lassen Sie das Kärtchen hängen. Wenn der Beitrag wichtig war, wird er später wieder auftauchen.

Zu wenig Platz, die Kärtchen zu sortieren

Ausreichend Pinnwände einplanen

Trösten Sie sich, das passiert Ihnen nur einmal. Das ist nämlich das übliche Phänomen bei unzureichender Vorbereitung. Sie benötigen für eine Gruppe von 10 Leuten rund 6-8 Pinnwände. Das hört sich viel an, ist aber tatsächlich das Minimum.

Was ist zu tun?

Optimieren Sie Ihre Vorbereitung. Falls wirklich mal aus aktuellem Anlass plötzlich zu wenig Pinnwände zur Verfügung stehen, müssen Sie eventuell umdisponieren. Arbeiten Sie dann beispielsweise lieber mit einer Zuruf-Frage auf dem Flipchart (siehe weiter unten).

Pinnwände kann man sich übrigens auch gegen Gebühr leihen, wenn Ihre Firma nicht genügend besitzt.

Die Kärtchen sind nicht lesbar

Auch das Schreiben mit Filzstiften will gelernt sein, speziell, wenn Sie Stifte mit Keilspitzen einsetzen. Damit Geschriebenes lässt sich zwar leichter lesen, aber nur, wenn man den Stift richtig hält.

Was ist zu tun?

Schreibübungen verbessern die Lesbarkeit

Machen Sie mit Ihren Teilnehmern eine kleine Übungseinheit „Buchstaben malen in Druckschrift". Das lockert die Runde auf. Dabei gelten die Regeln:

- Schreiben Sie Druckschrift.
- Verwenden Sie kleine und große Buchstaben.
- Ober- und Unterlängen sind ca. 0,5 mal so hoch wie die Kleinbuchstaben.
- Schreiben Sie die Buchstaben dicht aneinander.
- Bei Keilspitzen: Der Daumen zeigt zum Keil. Der Stift wird flächig aufgesetzt.
- Nutzen Sie das Format der Kärtchen aus. Schreiben Sie jedoch nicht mehr als 3 Zeilen, so dass die Schrift auch aus mehreren Metern Entfernung noch lesbar ist.

Es gibt von speziellen Anbietern sogar richtige Übungskärtchen zum Schönschreiben mit Beispielbuchstaben und Hilfslinien. Denken Sie daran: Ein Protokoll ist nur so gut, wie es lesbar ist. Wenn Sie vermeiden möchten, dass die Authentizität verloren geht, weil im Anschluss an den Workshop jemand alle Kärtchen noch einmal entziffern und abschreiben muss, nehmen Sie Ihre Teilnehmer in die Pflicht. Eine kurze Übungseinheit von 5 Minuten hilft schon, die Lesbarkeit deutlich zu verbessern.

Die typische Moderationsschrift

Abcdefghijklmnopqrstuvwxyz

Dreizeilig
denken und
schreiben

Abbildung 4: Schreibbeispiele in der Moderation

Die Zuruf-Frage

Die Zuruf-Frage ist die kleine Schwester der Karten-Frage. Hier werden die Gedanken nicht anonym auf Kärtchen geschrieben, sondern dem Moderator zugerufen. Dieser visualisiert die Beiträge aus der Gruppe direkt am Flipchart.

Stoffsammlung auf Zuruf

Bei geübten Gruppen in einem vertrauensvollen Klima lässt sich die Stoffsammlung deutlich zeitlich reduzieren. Dadurch, dass der Moderator schreibt, ist die Lesbarkeit sichergestellt. Auch gibt es natürlich keine Mehrfachnennungen, so dass das Ergebnis übersichtlicher ist.

Aber die Zuruf-Frage hat auch erhebliche Nachteile:

- Oft melden sich immer dieselben Personen zu Wort. Andere sind schüchtern, nicht schnell genug oder fallen in eine bequeme Konsumhaltung – die Kollegen werden´s schon richten.
- Beiträge werden oft schon gewertet und dabei nicht selten abgewertet. Das bremst die kreative Leistung ganz erheblich, denn wer setzt sich schon gerne der Kritik der Gruppe aus.
- „Führer, geh voran! Wir folgen.“ – Auch dieses Phänomen ist beliebt. Man schaut erst mal, welche Richtung die Führungskraft einschlägt, und springt dann auf den Zug auf.
- Erste Diskussionen kommen bereits in der Stoffsammlung auf. Das führt häufig zu schnellen, aber nicht zu ausgereiften Lösungen, die alle Aspekte eines Problems berücksichtigen.

Gerade für kreative Prozesse wie im Brainstorming ist es jedoch wichtig, dass Ideen frei und unkommentiert geäußert werden dürfen. Deshalb gibt es für die Zuruf-Frage als Brainstorming entsprechende Regeln:

Zuruf-Frage als Brainstorming hat eigene Regeln!

- Beiträge werden in dieser Phase nicht bewertet, dafür ist später Zeit!
- Spinnen ist erwünscht!
- Quantität geht vor Qualität!
- Es ist erlaubt, Ideen anderer weiterzuentwickeln!

Achten Sie als Moderator darauf, dass diese Regeln eingehalten werden.

Die Mehrpunkt-Frage

Sie können in der Regel nicht mit allen Beiträgen der Gruppe weiterarbeiten. Manchmal ist die zur Verfügung stehende Zeit zu kurz, in manchen Fällen eignen sich nicht alle Klumpen zur Weiterbearbeitung. Auch konkrete Sachzwänge oder Rahmenbedingungen erfordern häufig eine Beschränkung auf die wesentlichen Themen.

Statt abzustimmen punkten lassen

Die Teilnehmer entscheiden selbst, welches Thema sie aufgreifen und vertiefen wollen. Dazu dient die Mehrpunkt-Frage.

Jeder Teilnehmer erhält mehrere farbige Klebepunkte. Der Moderator stellt eine Entscheidungsfrage, zum Beispiel:

- An welchem Thema möchten Sie jetzt weiterarbeiten?
- Welcher Aspekt ist Ihnen besonders wichtig?
- Mit welchem Ansatz können wir das anstehende Problem besonders schnell lösen?
- Mit welchem Ansatz können wir das anstehende Problem besonders kostengünstig lösen?
- Zu welchem Aspekt können wir als Gruppe am meisten beitragen?

Entscheidungsfragen dienen der Zielorientierung

Mit Ihrer Entscheidungsfrage steuern Sie also bewusst das Workshop-Ziel an und stellen die Weichen für die weitere Bearbeitung. Also auch, wenn Sie inhaltlich nicht eingreifen, sorgen Sie doch für die Zielorientierung.

Die Teilnehmer haben nun Zeit zu überlegen. Dann steht jeder auf und klebt seine Punkte auf seine bevorzugte Themenzusammenfassung. Lassen Sie nicht einzelne Kärtchen punkten, das wird zu unübersichtlich, und die einzelnen Beiträge werden in der weiteren Bearbeitung berücksichtigt.

Bei der Mehrpunkt-Frage dürfen die Teilnehmer die Punkte einzeln vergeben oder auch mehrere Punkte auf eine Überschrift kleben (panaschieren oder kumulieren).

Die Anzahl der geklebten Punkte legt die Reihenfolge der weiteren Bearbeitung fest. Man erkennt jetzt auch schnell, welche Themenbereiche keine große Resonanz finden. Bei Zeitdruck kann man auf die weitere Bearbeitung dieser Themen in der Regel konfliktfrei verzichten. Damit die Anzahl der Klebepunkte nicht allzu unübersichtlich wird, verteilen Sie die Punkte pro Teilnehmer nach der Formel „Anzahl der Themen geteilt durch 2“ (bei mehr als 10 Teilnehmern dürfen es auch weniger sein). So hat jeder ausreichend Möglichkeit, seine Meinung kundzutun.

Anzahl der Punkte limitieren

Tipp:

Wenn Sie jetzt als Moderator der Gruppe diktieren, welche Themenblöcke weiter bearbeitet werden sollen, ignorieren Sie die Interessen der Gruppe. Die möchte sich möglicherweise jetzt mit einem ganz anderen Thema befassen. Druck erzeugt Gegendruck. Ich habe in einem Moderatorentraining schon erlebt, dass sich die Gruppe aus purem Widerstand auf ein abseitiges Thema festgebissen hat, nur weil der Moderator erkennbar einen bestimmten Lösungsansatz favorisierte. Ich vermute dies nicht nur, sondern die Gruppe gab es in der Abschlussrunde zu. Dieser Punkt ist so wichtig, dass wir hierzu eine Regel aufstellen sollten. Störungen auf der Beziehungsebene belasten die Arbeit auf der Sachebene. Sie haben deshalb Vorrang in der Bearbeitung.

Störungen vorrangig bearbeiten!

In einem solchen Fall hilft es nichts: Klären Sie zuerst das Beziehungsproblem, bevor Sie in der Sacharbeit fortfahren können. Da das Thema „Prozess-Steuerung von Gruppen“ so komplex ist, habe ich ihm ein eigenes Kapitel gewidmet. Lesen Sie bitte Kapitel 3.

Das Meinungsbarometer

Wenn Sie sich ein schnelles Bild über aktuelle Meinungen und Wertungen in der Gruppe machen wollen, zeichnen Sie ein Meinungsbarometer:

Schnellen Überblick über Meinungen ermitteln

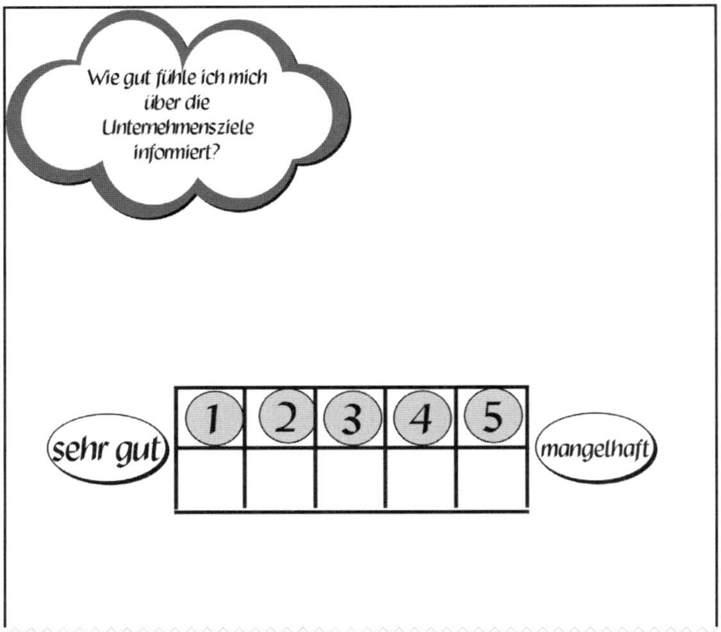

Abbildung 5: Beispiel für Meinungsbarometer

Dies ist eine spezielle Form der Einpunkt-Frage. Auch hier bekommt wieder jeder Teilnehmer einen Punkt und nimmt ganz konkret zu einer Frage Stellung. Aus der Summe der Punkte kann man schnell die Wertigkeit und Prioritäten erkennen. Ein Spezialfall des Meinungsbarometers ist das Stimmungsbarometer, mit dem konkrete Befindlichkeiten der Teilnehmer erfragt werden. Darauf komme ich aber noch einmal im Kapitel „Umgang mit schwierigen Teilnehmern“ zurück.

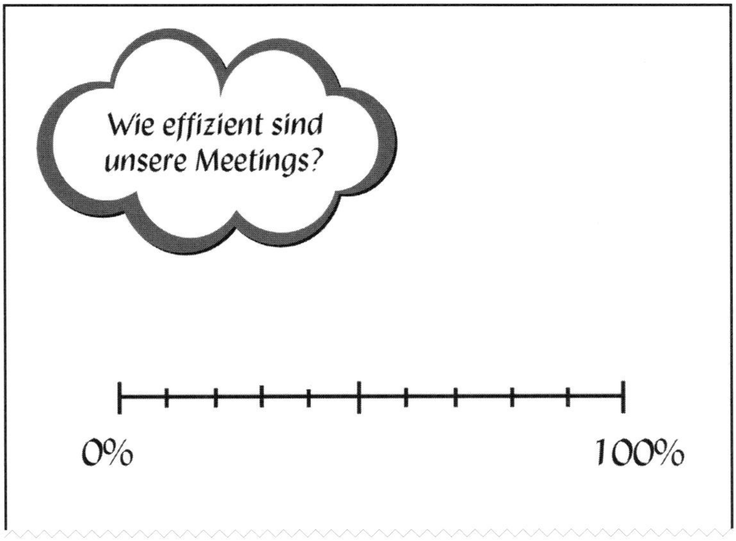

Abbildung 6: Beispiel für Meinungsbarometer

Die Vernissage

Ergebnispräsentation einmal anders

Eine interessante Variante des Meinungsbarometers ist die Vernissage. Hier werden die Ergebnisse der Kleingruppenarbeiten nicht mündlich präsentiert, sondern auf Plakaten visualisiert und in Form einer Galerie präsentiert. Jede Gruppe hängt ihr erarbeitetes Ergebnis an eine leere Pinnwand. Die einzelnen Pinnwände werden frei im Raum gruppiert, so dass sich die Teilnehmer in Ruhe durch den Raum bewegen und die Ergebnisse selbständig ansehen können. Sie erhalten Klebepunkte in verschiedenen Formen (z.B. Herzchen, Smileys, Konfliktpfeile und Fragezeichen) und können so ihre Zustimmung und Ablehnung ausdrücken, Konfliktpotenziale aufzeigen oder Aussagen hinterfragen. Erst wenn alle Teilnehmer ihre Meinungen „geklebt" haben, werden die einzelnen kritischen Punkte im Plenum besprochen. So erhält man ein schnelles Meinungsbild zu komplexen Themenbereichen.

Arbeit in Kleingruppen

Kleingruppen mit 3 bis 5 Personen

Vielfach bietet es sich an, einzelne Fragestellungen nicht im Plenum zu diskutieren, sondern in Kleingruppen. Dabei sollten in den Kleingruppen minimal 3 und maximal 5 Personen arbeiten. Interessieren sich mehr als 5 Personen für ein bestimmtes Thema, können Sie die Fragestellung auch parallel in zwei Gruppen bearbeiten lassen.

Die Arbeit in Kleingruppen hat den Vorzug, dass tatsächlich jeder die Chance erhält mitzumachen. Selbst ruhige und schüchterne Menschen haben in der Regel in Kleingruppen keine Skrupel, sich zu äußern. Zur Arbeit in Kleingruppen hier noch einige Hinweise:

- Lassen Sie die Kleingruppe nicht einfach losdiskutieren, sondern stellen Sie konkrete, zielführende Fragen, die bearbeitet werden sollen.

Auch hier auf Visualisierung achten!

- Achten Sie darauf, dass die Gruppe ihre Ergebnisse visualisiert (auf Flipchart-Papier oder auf Kärtchen).
- Lassen Sie im Anschluss an die Kleingruppenarbeit das Arbeitsergebnis von Mitgliedern der Kleingruppe im Plenum präsentieren und bieten Sie ausreichend Raum für Diskussionen. Ergänzungen, Anregungen oder Kritikpunkte aus dem Plenum werden am Plakat mit dem Arbeitsergebnis visualisiert, damit auch diese Gedanken nicht verloren gehen und im Protokoll enthalten sind.

Tipp:

Wenn zwei Kleingruppen parallel das gleiche Thema bearbeiten, ergibt sich nur in seltenen Fällen absolute Deckungsgleichheit, denn unterschiedliche Menschen verstehen die gleichen Fragen auch durchaus unterschiedlich. Oft entsteht hier eine Diskussion, wer die Aufgabenstellung denn nun „richtig" bearbeitet hat. Stellen Sie die verschiedenen Ansatzpunkte heraus und betonen Sie, dass es kein „Richtig" oder „Falsch" gibt, sondern dass gerade die anderen Auffassungen besonders wertvoll für die Ergebnisfindung sind.

Wie viel Zeit muss sein?

Zeitrahmen für Kleingruppenarbeit: 45 bis 90 Minuten

Lassen Sie der Kleingruppe Zeit, sich zu finden und zu organisieren. Planen Sie das gleich von Anfang an mit ein. Gerade wenn eine Kleingruppe noch nicht zusammen gearbeitet hat, gibt es in der Eingangsphase der Kleingruppenarbeit Klärungsbedarf: „Wie ist die Aufgabenstellung zu verstehen? Wie gehen wir das Thema an? Wer schreibt auf? Wer will anfangen?“ etc. Wenn es mehrere Führerpersönlichkeiten in der Gruppe gibt, kann dieser Prozess einige Zeit in Anspruch nehmen. Für die Kleingruppenarbeit hat sich deshalb ein Zeitansatz von minimal 45 Minuten und maximal 90 Minuten (je nach Komplexität der Fragestellungen) bewährt.

Tipp:

Gerade wenn man in Zeitnot kommt, kürzt man gerne die Arbeitszeiten der Kleingruppen. Natürlich erarbeitet die Gruppe auch in 15 Minuten ein Ergebnis, aber dieses ist häufig sehr oberflächlich und bewegt sich „auf Stammtischniveau“. Die Kleingruppe ist damit in den seltensten Fällen wirklich zufrieden. Und wenn es dann in der Diskussion Kritik hagelt, wird die mangelhafte Tiefe gerne auf die Kürze der Zeit geschoben, und der Moderator ist schuld. Tun Sie sich das nicht an! Reduzieren Sie lieber einzelne Arbeitsschritte, oder sprechen Sie mit der Gruppe ab, wie diese mit dem eingeschränkten Zeitrahmen umgehen will.

Noch unangenehmer ist es, wenn die Gruppe mit dem oberflächlichen Ergebnis zufrieden ist. Denn Sie merken als Moderator natürlich schnell, ob der Arbeitsauftrag erfüllt ist und das erarbeitete Ergebnis „trägt“. Aber wenn Sie jetzt inhaltlich eingreifen, haben Sie verloren, weil Sie damit Ihre inhaltliche Neutralität aufgeben. Also: Zeit einräumen und lieber die Kleingruppen während der Arbeitsphasen besuchen. Dann können Sie noch steuernd eingreifen, wenn Ihnen die Ergebnistypen zu stark an der Oberfläche zu bleiben scheinen oder nicht ausreichend konkretisiert sind. Bitten Sie einfach um Berücksichtigung aller Aspekte, um konkrete Empfehlungen, um umsetzbare Arbeitsaufträge, oder stellen Sie vertiefende Fragen. Das reicht in der Regel völlig aus.

Kleingruppenszenarien, um die Gruppenarbeit zu strukturieren

Kleingruppen nicht ohne Blick auf Workshopziel diskutieren lassen

Ich habe schon angesprochen, dass man zur Zielführung die Kleingruppe mit einer konkreten Aufgabenstellung in die Gruppenarbeit schicken sollte. Wie diese aussieht, entscheiden Sie als Moderator: Welche Ergebnistypen erwarten Sie? Wie stellen Sie sich die weitere Bearbeitung vor, um innerhalb des Zeitrahmens das Workshop-Ziel zu erreichen? Wie geht die Gruppe mit komplexen Fragestellungen um? Daraus ergeben sich die Schlüsselfragen und die konkrete Aufgabenstellung für die Gruppenarbeit. Es gibt zur Unterstützung einige konkrete Szenarien, welche die Aufgabenstellung erleichtern. Ich möchte in diesem Umfeld nur die in meinen Augen wichtigsten kurz anreißen und verweise für eine weitere Lektüre auf die einschlägige Fachliteratur zum Thema ModerationsMethode (siehe Anhang).

Problemanalyse-Schema

Dieses Szenario eignet sich – wie der Name schon sagt – zur Bearbeitung komplexer Problemsituationen mit ungeklärten Ursachen, beispielsweise um hohe Ausschussquoten, unklare Kundenreklamationen oder Schnittstellenkonflikte.

Probleme zuerst beschreiben, dann Lösungen diskutieren

Es fordert von der Gruppe, das Problem konkret zu beschreiben. Das ist häufig schon recht schwierig, weil hier die unterschiedlichen Sichtweisen deutlich werden, die mit Hilfe des Schemas offen gelegt und visualisiert werden können.

Für die einzelnen Problemsymptome werden Ursachen gesucht. Dabei ist darauf zu achten, dass in der Regel nicht ein Symptom nur eine eindeutige Ursache hat, sondern verschiedene Ursachen im Bereich des Möglichen liegen. Probleme sind in der Regel sehr komplex, selten linear. Sie erzeugen Wechselwirkungen und treten oft zeitverzögert auf. Dementsprechend gilt es, in der Kleingruppe verschiedene Möglichkeiten zu erkennen und zu bearbeiten.

Für jede einzelne Ursache werden Maßnahmen vorgeschlagen, welche die Ursachen abstellen können oder auch nur der Symptombekämpfung dienen. Auch hier versucht man durchaus, mehrere Maßnahmen zu finden. Damit die Therapie nicht schlimmer ist als die Krankheit, ist auch eine Risikoabwägung hilfreich. Hat man alle Risiken einer Maßnahme beleuchtet, schaut man sich an, welche Maßnahme noch geeignet ist, die mögliche Ursache zu bekämpfen, und wägt erst einmal zu diesem Punkt das Risiko ab. Wenn der Eindruck in der Gruppe entsteht, dass man alle Möglichkeiten ausreichend berücksichtigt hat, schaut man gemeinsam, ob es noch weitere mögliche Ursachen gibt. Hierzu sucht man dann wieder gemeinsam geeignete Maßnahmen zur Bekämpfung. Wichtig ist, dass nicht die einzelnen Spalten nacheinander bearbeitet werden, sondern dass die Gruppe zeilenweise vorgeht und sich quasi kreisend von Zeile zu Zeile bewegt.

Wo liegt das Problem konkret?	Was sind die möglichen Ursachen?	Was kann getan werden?	Wo liegen mögliche Risiken?
- Software hat echte Bugs	- Progammier-fehler	- Mitarbeiter besser schulen	- zu teuer - sehr hoher Zeitaufwand - Mitarbeiter sind nicht bereit zu weiteren Schulungen
	- fehlendes Debugging	-Debugging durch andere Mitarbeiter	- sehr hoher Zeitaufwand - eigene Mitarbeiter inhaltlich nicht vertraut, besser Debugging durch Anwender
- einzelne Module haben inhaltliche Fehler	- falsches Briefing	- Pflichtenheft optimieren, Nachbriefing mit Anwendern	- Nachbriefing sehr aufwendig. Wer bezahlt?
	- inhaltliche Änderungen durch den Kunden während der Programmierphase	- Prüfen der Änderungswünsche, evtl. neues Angebot	- Kunde sauer

Problemanalyse-Schema eventuell moderieren

Abbildung 7: Problemanalyse-Schema

Dieses Schema ist in der Bearbeitung recht komplex. Im Zweifelsfall sollten Sie es erst einmal in der Gruppe moderieren.

Zweifelder-Tafel / Vierfelder-Tafel

Auch Kleingruppen steuern!

Mit diesen Szenarien können Sie eigentlich zu jedem Zeitpunkt in jeder Moderation arbeiten. Sie stellen, je nach Komplexität des Themas und Reifegrad der Gruppe, zwei bzw. vier aufeinander aufbauende Fragen. Diese werden von der Kleingruppe bearbeitet.

Beispiel für Kombinationsfragen:

Wie erleben wir es zur Zeit?	Wie sollte es sein?
Was sind unsere Stärken?	Was sind unsere Schwächen?
Das soll die Lösung leisten:	Das darf nicht passieren:
Was läuft gut?	Was läuft nicht so gut?
Das stört uns bei unserer Arbeit:	Das wünschen wir uns:

Ziel dieser Fragetechnik ist es, die verschiedenen Aspekte einer bestimmten Fragestellung beleuchten zu lassen. Gerade bei Problemsituationen sollte ein Workshop nicht (nur) als

Klagemauer dienen, sondern auch konstruktive Maßnahmen erbringen. Die zweiseitigen Fragestellungen helfen also dabei, nicht nur Schatten, sondern auch Licht zu sehen: nicht nur das halbleere Glas, sondern auch das halbvolle.

Abbildung 8: Vierfelder-Tafel einer Produktionsgruppe, bei der es Konflikte zwischen den Schichten gab

Häufig ist es auch recht einfach zu sagen, was einem nicht gefällt. Es ist aber sehr viel schwerer, konkrete Wünsche zu äußern, wie es denn anders sein sollte. Genau diese Information wird aber benötigt, um Missstände aufzudecken und die damit verbundene Demotivation der Mitarbeiter ins Positive zu kehren.

Natürlich gibt es aber auch ganz konkrete Arbeitsthemen, die bearbeitet werden können. Hier einige Beispiele für Vierfelder-Tafeln zu ganz unterschiedlichen Problemstellungen:

Welche Informationen benötigen wir?	Wer kann sie uns geben?	In welcher Form?	In welchem Turnus?

In welchen Märkten bewegen wir uns hauptsächlich mit unserem Dienstleistungs-Portfolio?	Welche Märkte könnten wir mit unseren Dienstleistungen bedienen, tun es aber zur Zeit nicht?	Wo sehen wir Marktpotenzial, haben aber kein geeignetes Dienstleistungs-Portfolio?	Welche Märkte sind vom Potenzial und von unserem Portfolio her uninteressant ?

Welche Zielgruppen könnten sich für unser Produkt xy interessieren?	Warum? Welche Produkt-Nutzen sind für sie besonders wichtig?	Über welche Kanäle können wir sie am besten erreichen?	Mit welchen Maßnahmen können wir die Zielgruppe ansprechen?

Die Fragen werden auf Wolken geschrieben, so dass die Kleingruppe mit Kärtchen arbeiten und die Visualisierung anschließend an der Pinnwand vorgenommen werden kann. Oder Sie schreiben die Fragen auf ein großes Flipchartblatt, so dass die Gruppe ihre Arbeitsergebnisse direkt in das Schema einträgt.

Ursache-Wirkungs-Diagramm

Gerade für KVP-Workshops in Produktionsunternehmen geeignet ist das Ursache-Wirkungs-Diagramm, das auch als Fischgrätmuster bezeichnet wird.

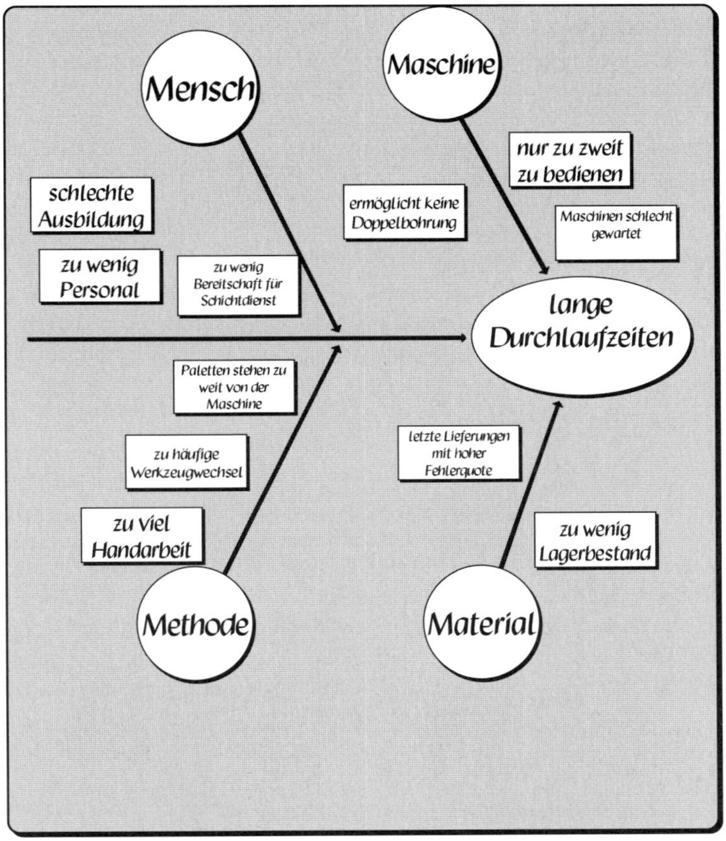

Abbildung 9: Fischgrätmuster

Durch Ursache-Wirkungs-Diagramm die „4 M´s" visualisieren

Es sorgt durch die Visualisierung der wichtigen vier „M´s" dafür, dass verschiedene Facetten eines Prozesses/Problems bearbeitet werden können:

- Mensch
- Maschine
- Methode

- Material.

So vermeiden Sie, dass der „Schuldige“ zu schnell ausgeguckt wird, wenn es um die Prozessoptimierung geht, da sich der Blick automatisch auf alle vier Elemente richtet.

Das Diagramm wird mit einer Schlüsselfrage auf einer Pinnwand visualisiert. Die Teilnehmer sammeln direkt an der Pinnwand Gedanken zu den einzelnen „M´s“.

Wenn Umwelteinflüsse ebenso eine Rolle spielen, kann man ein fünftes „M“ für „Mitwelt“ hinzufügen.

Tipp:

Hierbei ist wichtig, dass noch nicht nach Lösungen gesucht wird, sondern mögliche Problemursachen innerhalb der vier (bzw. fünf) Aspekte beleuchtet werden. Erst im nächsten Schritt erfolgt die Bearbeitung der Gedanken (eventuell in Kleingruppen. Jede Gruppe bearbeitet ein „M“.)

Ablaufplan

Dank Ablaufplan wird kein Prozess-Schritt übersehen

Auch der Ablaufplan bietet Prozess-Sicht. Wenn zum Beispiel Ausschuss reduziert werden soll, ist es wichtig, zunächst die dazugehörigen Prozess-Schritte zu erkennen und dann erst jeden einzelnen Schritt zu bearbeiten. So kann man erkennen, welche Tätigkeiten besonders kritisch sind und welche vernachlässigt werden können. Ein solcher Ablaufplan ist auch hilfreich, wenn mehrere Abteilungen am Gesamtprozess beteiligt sind. So erhält man erst einmal einen Überblick über die Gesamtsituation.

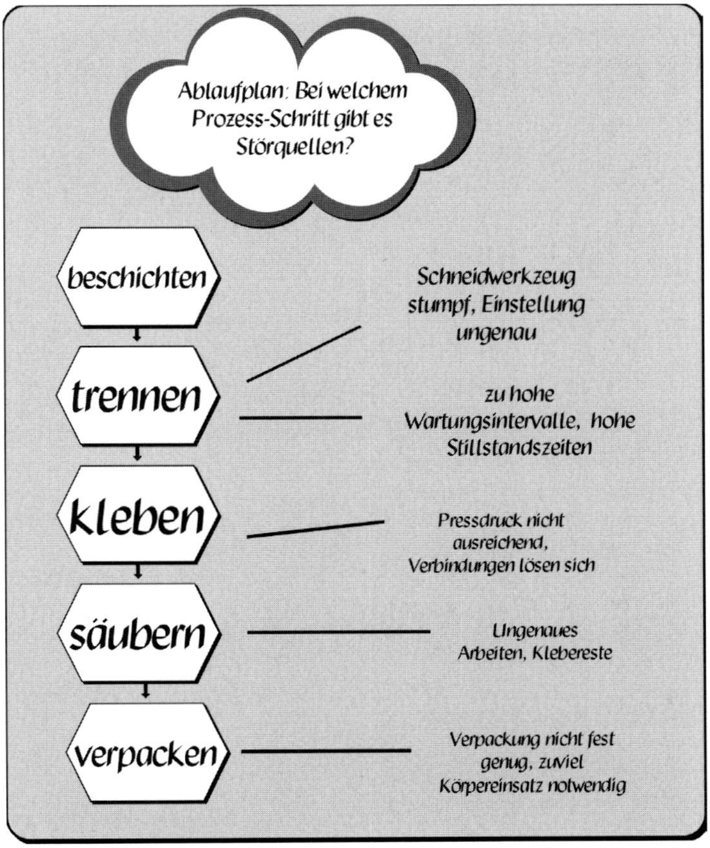

Abbildung 10: Ablaufplan

Tipp:

Bereiten Sie diesen Ablaufplan nicht vor, sondern erarbeiten Sie ihn mit der Gruppe – auch dann, wenn Sie Spezialist im Thema sind. Einerseits wird dabei die Gruppe für den gesamten Prozess sensibilisiert, andererseits vermeiden Sie die Verwicklung in inhaltliche Diskussionen.

Der Maßnahmenplan

In den meisten Fällen ist der Maßnahmenplan das Ergebnis des Workshops. Er entscheidet darüber, ob ein Workshop erfolgreich war oder auf der Ebene „schön, dass wir mal drüber gesprochen haben" versickert.

Maßnahmenplan sichert Workshop-Erfolg

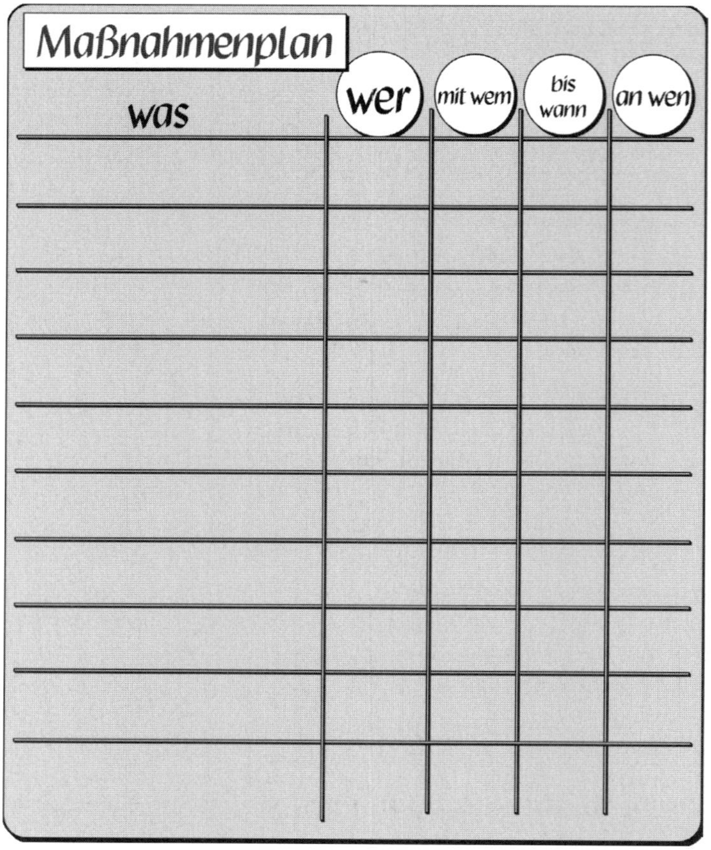

Abbildung 11: Maßnahmenplan

Hier wird dokumentiert, welche Maßnahmen festgelegt wurden, wer diese Maßnahmen durchführt oder zumindest verantwortet, bis wann eine Maßnahme erfolgt sein sollte, ggf. mit welchem Ziel, und wer über das Ergebnis der Maßnahmen informiert werden soll (Festlegung des Berichtswegs).

Tipp:

Ein Kümmerer sorgt für die Umsetzung: Was wer bis wann?

Achten Sie darauf, dass sich ein „Kümmerer" aus der Gruppe meldet, der dafür sorgt, dass die besprochenen Maßnahmen umgesetzt werden. Kurz nach Ablauf des Workshops sind in der Regel alle Beteiligten hochmotiviert. Doch wenn das Tagesgeschäft wieder zuschlägt, gehen viele gute Vorsätze den Bach herunter.

Wichtig sind folgende Punkte:

- Terminieren Sie nicht weiter als 3 Monate. In 3 Monaten passiert viel – wer weiß, ob die geplanten Maßnahmen dann noch sinnvoll sind. Vereinbaren Sie lieber ein Folgemeeting, um die Fortschritte durchzusprechen, eventuelle Korrekturmaßnahmen zu ergreifen und dann weiter zu planen.
- Nehmen Sie niemand mit Gewalt in die Verantwortung. Zuständig für die Bearbeitung einer Maßnahme kann nur jemand aus der Gruppe sein, niemals jemand, der nicht am Workshop teilgenommen hat (der weiß ja im Zweifel gar nicht, was er da machen soll). Falls sich also kein Freiwilliger findet, eine bestimmte Aufgabe zu übernehmen bzw. zu verantworten, wird sie aus dem Maßnahmenplan gestrichen. Meist führt die Streichung schon dazu, dass sich jemand findet. Und falls nicht, war die Maßnahme wahrscheinlich wirklich nicht wichtig.

Tipp:

Die Gruppe in der Verantwortung halten

Möglicherweise hängt Ihr Herzblut an einer bestimmten Maßnahme, möglicherweise wissen Sie bereits, dass diese eine Maßnahme existenziell für die Lösung des Problems ist (auch wenn Sie inhaltlich neutral sein müssen, sind Sie möglicherweise Spezialist in diesem Sektor). Halten Sie die Gruppe in der Verantwortung, letztendlich ist es die Entscheidung der Gruppe, was getan wird und was nicht. Sie können möglicherweise im Sinne eines Fachcoachings nach den Konsequenzen fragen, die der Verzicht auf diese eine Maßnahme mit sich bringt. Oft reicht dies schon aus, wenn gesunder Menschenverstand mit Bequemlichkeit oder auch zeitlicher Überforderung im Clinch liegt. Manchmal werden dann Bedingungen angesprochen, welche die Realisierung der Maßnahme ermöglichen können. Falls dies aber alles nichts fruchtet: Lassen Sie die Gruppe zu ihrem Ergebnis stehen. Fragen Sie, wer aus der Gruppe das Ergebnis dem Auftraggeber präsentieren möchte.

Tipp:

Inhaltliche Einflussnahme des Moderators weckt Widerstand

Widerstand entsteht üblicherweise häufig, wenn Sie als Moderator spürbar inhaltlich Einfluss nehmen. Dann rächt sich die Gruppe. Verzweifeln Sie also nicht in einem solchen Fall, sondern schrauben Sie einen Gang zurück, damit die Gruppe nicht gegen Sie kämpft.

Hat die Gruppe in der Vergangenheit schlechte Erfahrung mit der Umsetzung von erarbeiteten Maßnahmenplänen gemacht, kann auch das zu Widerstand führen. Hier hilft es, gemeinsam mit der Gruppe nach Gründen zu suchen, woran die Umsetzung in der Vergangenheit gescheitert ist, und Lösungen zu erarbeiten. Auch hieraus resultierende Empfehlungen und Aktivitäten werden Bestandteil des Workshop-Maßnahmenplans.

Kapitel 2

Struktur und Zielsteuerung im Workshop

In diesem Kapitel erwarten Sie:

- Einsatz von Fragetechnik
- Strukturierung durch den Moderator
- Rahmen klären
- Saubere Zieldefinition
- Gute Vorbereitung als Basis
- Der Moderationsfahrplan

Beispiel: Das Parkplatzproblem

Natürlich gibt es noch unendlich viele Szenarien. Aber auch die Verwendung der komplexesten und ausgeflipptesten Szenarien erspart Ihnen eines nicht: die richtigen Fragen zu stellen, um

Kernkompetenz des Moderators: die richtigen Fragen stellen

- die Komplexität des Problems zu erfassen
- Zeitkomponenten ins Spiel zu bringen
- Perspektiven zu wechseln
- Handlungsorientierung zu schaffen
- Konsequenzen bewusst zu machen.

Wieder ein Beispiel aus der betrieblichen Praxis:

Karin Huber, Betriebsrätin in einem Unternehmen der Automobil-Zulieferindustrie, hört immer wieder Klagen über die unzumutbare Parkplatzsituation am Produktionsstandort. Die Zufahrt mit öffentlichen Verkehrsmitteln ist nicht möglich, die meisten Mitarbeiter müssen mit dem Auto kommen. Die Anzahl der Parkplätze in der näheren Umgebung ist jedoch relativ gering. Es gibt allerdings in rund 10 Minuten Entfernung – quasi am anderen Ende des Geländes – einen großen Parkplatz, der genutzt werden kann. Dazu müssen jedoch die Mitarbeiter einen Umweg um das Gelände herum bis zur Pforte laufen. Da Karin Huber schon häufiger mit der Geschäftsführung über das Thema diskutiert hat, wurde sie nun gebeten, konstruktive Vorschläge zu erarbeiten.

Da Karin Huber selbst nicht Auto fährt, beschließt sie, den Prozess zu moderieren und die Vorschläge von Betroffenen erarbeiten zu lassen. Beteiligt ist eine Gruppe von acht Freiwilligen, die das Thema mehrfach beim Betriebsrat angesprochen haben.

Nicht zu schnell zum Ziel!

Zunächst lässt sie die Teilnehmer zu Wort kommen. Jeder schildert kurz seine Erfahrung mit der Situation. Die einzelnen Punkte werden auf dem Flipchart gesammelt. Karin Huber schlägt vor, zum besseren Verständnis der Situation das Gelände und die Parkplätze einzuzeichnen. Danach fragt sie mittels einer Karten-Frage: „Wie kann die Parkplatzsituation verbessert werden?“ Die Karten zeigen Gedanken wie:

Kennzeichnen von Parkplätzen, um wildes Parken zu verhindern; andere Aufteilung der Parkplätze zur Platzoptimierung; Aufteilen der Parkplätze nach Sitz des Arbeitsplatzes; eine weitere Pforte am hinteren Ende des Fabrikgeländes; Anmieten eines Grundstücks, das direkt an die Firma angrenzt, etc....

Anschließend lässt sie die verschiedenen Möglichkeiten punkten: „Welcher Lösungsvorschlag ist der beste?"

Die Gruppe entscheidet sich für die Anmietung des neuen Geländes, um mehr Parkplätze zu erhalten. Karin Huber erhält von der Gruppe den Auftrag, diesen Vorschlag der Geschäftsführung zu unterbreiten. Danach endet die Sitzung.

Toll! Frau Huber ist nicht zu beneiden. Ich kann mir kaum vorstellen, dass die Geschäftsführung von dem Vorschlag begeistert ist...

So entsteht Frust im Unternehmen auf allen Seiten. Ist das nun die Schuld der Gruppe? Nein. Das Versäumnis liegt eindeutig bei der Moderatorin.

Inhaltliche Neutralität heißt nicht, Verantwortung für die Zielerreichung abzugeben

Achtung! Damit wir uns nicht falsch verstehen: Natürlich sind Sie als Moderator neutral und mischen sich inhaltlich nicht ein. Aber Sie haben trotzdem einen klaren Auftrag und damit Verantwortung für die Qualität des Ergebnisses. Möglicherweise ist tatsächlich die kostenintensive Anmietung weiteren Parkplatzraumes die beste Lösung. Aber an dem Punkt, dies zu entscheiden, sind wir noch lange nicht. Denn wir kennen nicht den Preis der Lösung. Es ist im Moment nur für die Mitarbeiter die bequemste Alternative.

Karin Huber selbst ist mit dem Ergebnis nicht zufrieden. Sie fragt sich, was sie beim nächsten Mal optimieren könnte:

Welche Fragen hätte ich noch stellen können?

Wie kann ich sicherstellen, dass ich ein tragfähiges Ergebnis erarbeiten lasse?

Worauf sollte ich zukünftig schon bei der Vorbereitung achten?

Welche Fragen sollte der Moderator stellen?

Problem definieren lassen

Was wir für eine gute Lösung benötigen, ist:

- Wir müssen die Relevanz des bestehenden Problems erkennen.
  - Wer ist von der Parkplatz-Situation betroffen?
  - Wie reagieren die Mitarbeiter insgesamt darauf? Wen stört es? Wen nicht?
  - Welche Auswirkungen hat der Laufweg von 10 Minuten? Auf den einzelnen Mitarbeiter? Auf das Unternehmen?
  - Wie sieht es bei anderen Firmen in der Region aus?
  - ...

Alternative Möglichkeiten prüfen lassen

- Wir müssen die einzelnen Lösungsvorschläge prüfen.
  - Welche Vorzüge bietet Vorschlag x?
  - Welche Nachteile hat er?
  - Mit welchen Kosten ist er verbunden?
  - In welcher Relation stehen die Kosten zum Ergebnis?
  - ...

Rahmenbedingungen klären

- Wir müssen uns mit den Rahmenbedingungen beschäftigen.
  - Welche Möglichkeiten hat das Unternehmen?
  - Ist Geld vorhanden für eine solche Investition, oder sind wir gerade auf Sparkurs?
  - Ist das Grundstück überhaupt anzumieten?
  - Können auf dem Schotterparkplatz überhaupt Parkbuchten eingezeichnet werden, oder muss eventuell vorher der Parkplatz befestigt werden?
  - Falls eine zusätzliche Pforte eingerichtet wird, wird eventuell weiteres Personal benötigt?
  - ...

Entscheidungen treffen und Konsequenzen aufzeigen

- Wir müssen die Konsequenzen der Entscheidungen abwägen.
  - Welche Konsequenzen haben diese Investitionen für das Unternehmen kurz-, mittel- und langfristig?

- Welche Konsequenzen haben sie für jeden Einzelnen im Unternehmen kurz-, mittel- und langfristig?
- Stehen die Konsequenzen in Relation zum Nutzen?

Erst wenn die Gruppe sich mit diesen einzelnen Aspekten beschäftigt hat, kann sie eine klare Handlungsempfehlung aussprechen. Wenn man sich **jetzt** dafür entscheidet, zusätzlich Parkraum anzumieten: o.k. – jetzt haben Sie gute Argumente. Vorher war das eine Lösung auf Stammtischniveau.

Durch Fragen Prozess steuern. Für Struktur und Übersicht sorgen!

Wie kann man sicherstellen, dass ein tragfähiges Ergebnis erarbeitet wird?

Ist die Gruppe mit dieser Aufgabe, alle Aspekte zu berücksichtigen, nicht überfordert? Ist das nicht vielmehr die Aufgabe der Geschäftsleitung, und die Gruppe äußert nur ihre Wünsche? Diese Einwände hört man immer wieder – sowohl von Gruppenteilnehmern als auch von Führungskräften. Ich kann dazu nur sagen:

Die Teilnehmer nicht unterschätzen!

- Menschen, die ihr Leben planen, Familien gründen und Kinder erziehen, sich langfristig für den Kauf ihres Hauses verschulden und ihre Finanzen planen, denen kann man schon einiges zutrauen. In manchen Unternehmen ist es üblich, dass die Mitarbeiter ihren Verstand an der Pforte abgeben, wenn sie das Unternehmen betreten. Diesen Zustand gilt es abzuschaffen.
- Wenn Workshops nur Ergebnisse auf oberflächlichem Niveau abliefern, handelt es sich um pure Zeitverschwendung. Denn alle Ergebnisse müssen nachbearbeitet werden, Handlungsempfehlungen werden nicht umgesetzt, und das Engagement der Mitarbeiter, sich weiterhin in Workshops einzubringen, sinkt. So wird dieses wesentliche Element der Mitarbeiter-Einbindung in kürzester Zeit sang- und klanglos in der Versenkung verschwinden.

Achten Sie also bei der Planung Ihres Workshops darauf, welches Ziel angestrebt wird und welche Informationen vorliegen sollten, um das Ergebnis zu erreichen. In der Regel gibt es bei jedem Workshop einen Auftraggeber, der bestimmte Erwartungen an das Ergebnis hat. Manchmal ist es die direkte Führungskraft, manchmal die Geschäftsleitung. Dieser Erwartungen sollten Sie sich bewusst sein. Sie haben

Fordern Sie Ihre Teilnehmer!

keine inhaltliche Verantwortung für das Ergebnis, aber Sie sollten sicherstellen, dass ein mangelhaftes Ergebnis nicht auf Ihre Methodik zurückzuführen ist.

Grundsätzlich gilt: Machen Sie es sich nicht zu einfach. Gute Lösungen brauchen ihre Zeit.

Tipp:

Machen Sie keine Alibi-Workshops!

Wenn Sie den Eindruck haben, Ihr Auftraggeber erwartet nicht nur einen bestimmten Ergebnistyp (im Beispiel: eine Entscheidungsvorlage mit konkreten Maßnahmen zur Verbesserung der aktuellen Parkplatzsituation), sondern ein konkretes inhaltliches Ergebnis („Schauen Sie mal, dass die Leute von allein darauf kommen, dass 10 Minuten Fußweg durchaus zumutbar sind!"), sollten Sie die Moderation ablehnen. Das sind Alibiveranstaltungen, die bei allen Beteiligten nur zur Frustration führen. Unterschätzen Sie nie die Intelligenz Ihrer Teilnehmer! Sie spüren jede Form von Manipulation sofort und reagieren dementsprechend verärgert.

Gut geplant ist halb gewonnen

Auch wenn Sie als Moderator zu Beginn eines Workshops nicht wissen, wie das Ergebnis inhaltlich aussehen wird und welche Themen tatsächlich bearbeitet werden, hilft Ihnen eine gute Planung, den Überblick zu behalten.

Die Zielfindung

Wenn Sie Ihren Workshop planen, planen Sie am besten von hinten nach vorne, das heißt: Das angestrebte Ziel bestimmt die Fragen und Methoden, mit denen Sie arbeiten. Sie sprechen also zuerst mit Ihrem Auftraggeber oder, falls Sie selbst Ihr eigener Auftraggeber sind, überlegen Sie sich, welches Ziel im Workshop erreicht werden soll. (Auftraggeber sind bei innerbetrieblichen Workshops in der Regel die Geschäftsführung bzw. Bereichs-Führungskräfte, die ein bestimmtes Thema im Unternehmen von den Fachabteilungen bearbeitet haben wollen.)

Ohne Ziel kein Workshop

Typische Ziele für einen Workshop:

- Ein bestimmtes Problem soll gelöst werden.
- Ein Prozess soll optimiert werden.
- Sie suchen eine gute Idee für die Betriebsfeier.
- Innerhalb eines Projektes sollen Informationen gesammelt werden.
- Die Zusammenarbeit soll verbessert werden.
- Eine Schwachstelle soll behoben werden.
- Sie erwarten Klarheit in einer bestimmten Angelegenheit.
- Sie wollen mit Ihren Mitarbeitern neue Wege gehen.
- Sie möchten Spielregeln für die Zusammenarbeit aufstellen.
- Sie wollen Leitlinien entwickeln für das Unternehmen.
- Sie wollen ein Kundenprojekt organisieren.
- ...

Sie merken schon: Bei allen Zielen ist die grobe Richtung zwar vorgegeben, nicht jedoch das „Wie“.

Roter Faden: Wann ist ein Ziel ein Ziel?

Damit die erarbeiteten Ziele tatsächlich umgesetzt werden können, sollten sie folgende Kriterien erfüllen:

- Ziele müssen konkret sein!

  Schlüsselfrage: Woran merken Sie, dass Sie das Ziel erreicht haben?

- Ziele müssen messbar sein!

  Schlüsselfrage: Woran können Sie die Zielerreichung messen?

- Ziele müssen zeitlich limitiert sein!

  Schlüsselfrage: Bis wann sollte das Ziel erreicht sein? Wie viel Zeit benötigen Sie für die Realisierung?

Keine fertigen Lösungen mitbringen!

Wenn Sie also beispielsweise ein bestimmtes Problem gelöst haben möchten, setzen Sie sich als Moderator nicht vorher hin und überlegen, wie denn das Problem gelöst werden soll.

Stattdessen überlegen Sie, welche Fragen gestellt werden müssen, um das Problem einzugrenzen, zu verstehen, Lösungsalternativen zu entwickeln, Beurteilungskriterien für die Qualität der Lösung aufzustellen und eine fundierte Entscheidung treffen zu können.

Wenn es also darum geht, einen Prozess zu optimieren, gilt es, den Ist-Zustand des Prozesses zu beschreiben, zu erkennen, was gut und was weniger gut läuft, die Relevanz der einzelnen Schwachstellen zu bewerten, Maßnahmen zu entwickeln, um die Schwachstellen zu beheben, Kosten/Nutzen-Relationen aufzuzeigen und konkrete Handlungen zu planen.

Selbst moderieren oder moderieren lassen?

Falls Sie selbst Spezialist in dem zu bearbeitenden Feld sind, ist die Gefahr groß, dass Sie sich inhaltlich in das Thema einfräsen. Sie haben also schon eine gute Lösung im Hinterkopf, oder Sie erkennen im Verlauf des Workshops, dass eine von der Gruppe favorisierte Lösung nicht trägt. Jetzt Neutralität zu bewahren ist äußerst schwierig.

Tipp:

Wenn Sie merken, dass Ihnen ein Thema besonders wichtig ist und/oder Sie möglicherweise sogar die konkrete Umsetzung verantworten müssen, sollten Sie nicht selbst moderieren, sondern lieber Ihr Know-how als Teilnehmer in das Gruppen-Ergebnis einfließen lassen. Lassen Sie sich in diesem Fall lieber moderieren.

Bei Herzblut im Thema nicht selbst moderieren

Jetzt stellt sich natürlich die Frage, ob man als Führungskraft überhaupt seine eigene Abteilung moderieren kann, da man ja immer in der Verantwortung steht. Ich meine, ja. Das setzt allerdings voraus, dass Sie sehr viel Vertrauen in die Kompetenzen und Fähigkeiten Ihrer Mitarbeiter haben und nicht davon überzeugt sind, selbst die Wahrheit gepachtet zu haben.

Wenn Sie Ihren Mitarbeitern die Erarbeitung einer unternehmerisch tragfähigen Lösung nicht zutrauen, wenn Sie möglicherweise sogar annehmen, dass Mitarbeiter nur an ihrem eigenen Wohlergehen interessiert sind – dann sollten Sie niemals moderieren. Keine Alibiveranstaltungen unter dem Deckmäntelchen des „kooperativen Führungsstils“! Ihre Mitarbeiter würden das schnell merken.

Wenn Sie als Führungskraft selbst der Meinung sind, Sie hätten die beste Lösung, dann setzen Sie sie um. Nicht in Form von zeitaufwändigen Workshops, sondern mit klaren Anweisungen.

Nicht jede Führungskraft eignet sich zum Moderator

Die wichtigsten Vorbereitungsfragen sind also:

- Was will ich / der Auftraggeber erreichen?
- Eignet sich dafür das Instrument „Workshop“?
- Wenn ich selbst der Auftraggeber bin: Moderiere ich selbst, oder lasse ich moderieren?

Wer macht mit?

Sind diese Fragen erschöpfend beantwortet, muss ich mir über die Teilnehmer klar werden. Zur besseren Systematik hier noch einmal die Entscheidungskriterien:

Die richtigen Teilnehmer einladen

- Wer kann zur Zielerreichung beitragen?
- Wer muss auf jeden Fall teilnehmen, weil

- nur er die nötigen Informationen liefern kann,
- er die Lösung umsetzen soll,
- er die Lösung nach außen vertreten muss,
- er die Entscheidungen trifft,
- ...?

- Wer fühlt sich eventuell übergangen, wenn er nicht teilnehmen darf?
- Welche Abteilung ist vielleicht noch tangiert und sollte deshalb vertreten sein?
- Wie viele Menschen können parallel im Workshop arbeiten?
- Wie viele Menschen kann ich aus dem Tagesgeschäft herausziehen?
- ...

Wer kann, wer muss dabei sein?

Daraus ergibt sich in der Regel schon ein guter Überblick über die potenziellen Teilnehmer des Workshops. Wichtig ist: Die Teilnehmer können immer nur Themen bearbeiten, die in ihrem Einflussbereich liegen. Es hat keinen Sinn, wenn zum Beispiel die Produktionsabteilung die Geschäftsprozesse des Einkaufs optimieren will. Sie kann höchstens Wünsche äußern, was Materialbeschaffenheit und Lieferung angeht, aber nicht das Bestellwesen neu organisieren. Das gibt nur internen Ärger.

Beispiel eines möglichen Arbeitsauftrags aus der betrieblichen Praxis:

Es geht um die letzte Kundenbefragung. Die Ergebnisse zeigten, dass die Kundenzufriedenheit im letzten Jahr im Vergleich zum Vorjahr stark gesunken ist. Der Vorstand möchte, dass etwas getan wird. Da der Kundenkontakt über den Vertrieb läuft, sollen in einem Workshop konkrete Maßnahmen erarbeitet werden, wie die Vertriebsabteilung dazu beitragen kann, die Kundenzufriedenheit wieder zu heben.

Damit ist direkt die Vertriebsabteilung angesprochen, sie muss also mit ins Boot. Jetzt aber Vorsicht: Die Ursachen für die abnehmende Kundenzufriedenheit können natürlich ganz woanders liegen (z.B. fehlerhafte Produkte, mangelnder Support, nicht eingehaltene Lieferzeiten).

Hier gilt es also noch einmal zu überlegen: Wollen wir das Symptom bekämpfen? Die Vertriebsabteilung kann natürlich durch ihr Verhalten den Kunden gegenüber die Situation entschärfen. Wie genau, muss man im Workshop erarbeiten.

Oder geht es darum, die Ursachen der Kundenunzufriedenheit zu beleuchten? Dann müssten eigentlich alle Abteilungen dabei sein.

Stopp, hier kommt die klassische Stolperstelle! Dann müssen vor allen Dingen Kunden dabei sein (oder wir benötigen die Daten aus der Befragung, um zu erkennen, woran denn der Rückgang der Kundenzufriedenheit liegt. Die wenigsten Befragungen geben das nach meiner Erfahrung her!). Sonst stochern wir im Nebel!

Bei der Vorbereitung eines Workshops ist also auch der Zielbildungsprozess nicht ohne Brisanz. Es bedarf möglicherweise von Seiten des Moderators einiges an Rückfragen und Gesprächen, um die Situation komplett zu erfassen und darauf aufbauend ein sinnvolles Fragenkonstrukt zu entwickeln.

Gibt es aktuelle Befindlichkeiten, die berücksichtigt werden müssen?

Aktuelle Situation der Teilnehmer klären

Wenn Sie so weit gekommen sind, sollten Sie nicht versäumen, sich auch ein Stimmungsbild von den betroffenen Mitarbeitern/der Abteilung zu machen.

- Gibt es im Moment aktuelle Ereignisse, die die Gruppe beschäftigen?
- Hat es kürzlich Neuerungen gegeben oder stehen welche an, die der Gruppe bereits bekannt sind?
- Wie ist die Motivation der Gruppe, an dem Thema zu arbeiten?
- Was ist in diesem Umfeld bisher geschehen?
- Welche Erfahrungen hat die Gruppe mit Workshops gemacht?
- ...

Warum sollten Sie diese Fragen stellen? Damit es Sie nicht kalt erwischt. Denn unter dem Aspekt, dass Befindlichkeitsstörungen die Sacharbeit wesentlich belasten, kann eine solche Störung Ihr komplettes Konzept abschießen.

Keine Überraschungen während des Workshops riskieren

Vor einigen Jahren haben wir einmal eine Abteilung von 25 Mitarbeitern moderiert. Ziel war die Erarbeitung eines Qualifizierungskonzeptes für die Einführung von Gruppenarbeit. Unser Auftraggeber – der Produktionsleiter – bat uns darum, zu Beginn ein paar Worte sprechen zu dürfen, da es so selten sei, dass die komplette Gruppe, die in verschiedenen Schichten arbeitet, zusammen sei. Er brauche 15 Minuten. Wir haben das gerne zugestanden, da wir dachten, er wolle einige motivierende Worte zur Gruppe sprechen. Stattdessen stellte er im Schnelldurchgang das neue Entgeltsystem für die Gruppenarbeit vor. Wir waren ebenso verdattert wie die Gruppe. Nach einem 10-minütigen Vortrag mit einer Unmenge von Folien kam die obligate Frage: „Noch Fragen? Nein? Alles Weitere hören Sie in den nächsten Tagen." Und Tschüss. Da hatten wir nun eine klassische Beziehungsstörung. Ein Themenwechsel hin zur Mitarbeiter-Qualifizierung war nicht möglich. Wir mussten erst einmal Aufräumarbeiten erledigen, die negativen Kritiken auffangen, den Ärger über diesen Überfall ebenso wie die jetzt hochkommenden Fragen zum Entgeltsystem. Wir haben deshalb auf dem Flipchart alle offenen Fragen gesammelt und die Forderung nach einer weiteren, vorbereiteten Informationsveranstaltung formuliert mit der Bitte, die präsentierten Folien an die Mitarbeiter auszuhändigen. Wir haben also mit den Mitarbeitern das weitere Vorgehen in dieser Sache geplant. So konnten wir uns nach rund 90 Minuten wieder dem ursprünglichen Workshop-Thema zuwenden. Trotzdem war der komplette Workshop überschattet von Ängsten und Sorgen und von Wut der Teilnehmer.

Keine Einmischung von Hierarchen dulden

So etwas passiert einem auch nur einmal. Daraus resultieren folgende Regeln: Klären Sie vorab die aktuelle Situation im Unternehmen, in der Abteilung. Fragen Sie konkret nach möglichen Befindlichkeitsstörungen, Konflikten in der Gruppe, anstehenden Veränderungen. Bereiten Sie sich darauf vor, dass diese Themen im Workshop von der Gruppe angesprochen werden. Während des Workshops sollte keine Einmischung von Hierarchen stattfinden. Eventuelle Interventionen klärt man vorher inhaltlich und sachlich ab.

Mit einer Erwartungsfrage und einem Stimmungsbarometer zu Beginn des Workshops können Sie sich übrigens auch schon einen Überblick über aktuelle Befindlichkeiten verschaffen und dementsprechend reagieren (siehe nächstes Kapitel).

Wie viel Zeit muss sein?

Jedes Thema benötigt Zeit. Sie durchlaufen bei jedem Workshop mehrere Phasen, die Sie nicht beliebig kürzen können. In der Regel gelangen Sie auch noch nicht mit einem Arbeitsschritt zum Ergebnis, sondern benötigen zwei bis drei Fragestellungen, um das Thema umfassend zu bearbeiten. Und auch die Abschlussphase sollte nicht zu kurz kommen.

Kein Workshop unter 3 Stunden

Die Phasen im Workshop

Einstiegsphase (ca. 30 Minuten*)	**Arbeitsphase** (ca. 2 Stunden*)	**Abschluss** (ca. 30 Minuten*)
- Begrüßung - Vorstellung der Teilnehmer - Organisatorisches klären - Erwartungshaltung klären (z.B. mit Meinungsbarometer) - Workshop-Ziel klären, evtl. mit Teilnehmern modifizieren - Spielregeln aufstellen	- Motivationsfrage mit Stoffsammlung (z.B. Karten-Frage) - Themen strukturieren (z.B. Clustern der Kärtchen) - Themenauswahl (z.B. durch Mehrpunkt-Frage) - Bearbeitung der gewählten Themen in Kleingruppen (z.B. mit Kleingruppen-szenarien) - evtl. Konkretisierung der Arbeitsergebnisse in einem zweiten Durchgang - Bearbeitung weiterer Themen in Reihenfolge der von der Gruppe gesetzten Prioritäten	- geplante Aktivitäten in Maßnahmenplan aufnehmen - Umgang mit noch offenen Themen und Fragen mit der Gruppe besprechen - Zielerreichung überprüfen und mit Erwartungen abgleichen (z.B. mit Blitzlicht) - Protokollverteilung abschließend klären - Dank und Verabschiedung

*Zeitangaben sind Circa-Angaben und beziehen sich auf einen dreistündigen Workshop

Dementsprechend muss man bei einem Workshop mit minimal 3 Stunden Aufwand rechnen, häufig ist es ein ganzer Tag. Und bei sehr komplexen Fragestellungen bietet sich eine mehrtägige Veranstaltung an. Falls sich dieser Aufwand in Ihrem Unternehmen nicht realisieren lässt, muss die Zielerreichung in sinnvolle Untereinheiten aufgesplittet werden. Falls Sie ein Thema in mehreren Schritten bearbeiten lassen wollen, kalkulieren Sie mit ein, dass sich die Gruppe immer wieder neu ins Thema einfinden muss und nicht unbedingt nahtlos am Arbeitsergebnis der letzten Sitzung anknüpft.

Das bedeutet im Klartext: Wenn Sie es eilig haben, ist ein Workshop nicht unbedingt der richtige Weg.

Wie sieht der Moderationsfahrplan aus?

Sie haben also für Ihren Workshop nur einen begrenzten Zeitrahmen zur Verfügung. Diese Zeit sollte nun sinnvoll mit Arbeitsaktivitäten genutzt werden.

Hier gilt es, zwei Faktoren zu beachten:

a) Welches Ziel soll erreicht werden?

b) Wie schaffe ich es, Engagement für die Themenbearbeitung in der Gruppe freizusetzen?

Darauf basiert Ihr Ablauf.

Planen Sie eine Dramaturgie für Ihren Workshop!

- Ist das Ziel ausreichend klar? Muss es eventuell breiter erläutert werden (Hintergründe, Strategie etc.)?
- Gibt es Rahmenbedingungen, die festliegen (konkrete Entscheidungen, Budgets, Zeitvorgaben), die die Gruppe kennen muss?
- Benötige ich also eine Informationsphase während des Workshops?
- Falls ja, wer vermittelt die Informationen? Der Moderator, die Führungskraft, die Geschäftsführung?
- Benötigt die Gruppe Spielregeln? Werden diese vorgegeben, vorgeschlagen oder gemeinsam erarbeitet?
- Mit welcher Motivationsfrage starte ich? Die Motivationsfrage dient dazu, die Gruppe in das Thema hineinzuholen. Die Formulierung ist deshalb existentiell in der Planungsphase. Hier werden die Weichen gestellt, ob die Gruppe sich in der Themenbearbeitung engagiert und in

welche Richtung die Arbeit geht. Probieren Sie also die Fragestellung vorab an ein paar Freiwilligen aus (verlassen Sie sich aber trotzdem nicht darauf, dass die Gruppe die Frage dann genauso versteht!).
- Welche Technik setze ich dabei ein? Karten-Frage oder Zuruf-Frage?

Tipp:

Eine Pause zwischendurch schafft Abstand und klärt Gedanken

Planen Sie nach der Karten-Frage mit Clusterbildung und Punkt-Frage eine Pause ein. Falls die gesammelten Gedanken sich doch nicht mit Ihren Erwartungen decken, passt möglicherweise Ihr Kleingruppenszenario nicht, und Sie müssen umdisponieren. Die Pause verschafft Ihnen dazu Zeit, so dass Sie nicht aus dem Stand improvisieren müssen.

- Wie erfahre ich die Stimmung in der Gruppe zum Thema? Muss ich irgendwelche Barometer vorbereiten?
- Wie geht´s dann weiter? Arbeit in Kleingruppen? Mit welcher Fragestellung und welchem Szenario?
- Mit welchen Ergebnistypen kann ich aus der Kleingruppe rechnen? Ist damit schon das Ziel erreicht, oder benötigen wir weitere Konkretisierungsschritte?
- Wie erhalte ich sie? Durch weitere Kleingruppen oder Arbeit im Plenum?
- Was kann/muss eventuell in Arbeitsgruppen weiter vertieft werden?
- Wie wird das Ergebnis protokolliert?

Denken Sie nicht das Ergebnis vorweg!

Dies sind nur grobe Fragen, die jetzt natürlich fallorientiert ausgearbeitet werden müssen. Achten Sie dabei darauf, dass Sie nicht die Antworten der Gruppe vorwegnehmen. Diese reagiert oft ganz anders, als Sie sich das vorstellen. Versuchen Sie also, so offen und grundsätzlich wie möglich zu fragen, und halten Sie sich flexibel. Ihre Szenarien können noch so ausgereift und durchdacht sein, sie sind nie so wichtig wie die Dynamik der Gruppe.

Nun mag man denken: Wozu dann überhaupt vorbereiten? Ich muss ja doch während des Workshops eventuell alles wieder umschmeißen.

Halten Sie den Ablauf flexibel!

Eine gute Vorbereitung führt dazu, dass Sie sich in das Thema einarbeiten, dass Sie in der Regel auf verschiedene Abläufe flexibel reagieren können und dass Ihr Auftritt professionell wirkt. So verschaffen Sie sich den Respekt der Gruppe und das nötige Standing, um den Ablauf methodisch steuern zu können.

Wer moderiert mit?

Moderieren Sie möglichst zu zweit!

Da Sie üblicherweise zu zweit moderieren sollten (ich weiß, im Tagesgeschäft im Unternehmen ist das eher die Ausnahme), ist auch noch zu klären, wer Sie unterstützt. Grundsätzlich – auch wenn es in Ihrem Unternehmen nicht üblich ist: Mehr als 10 Teilnehmer müssen zu zweit moderiert werden, sonst schaffen Sie den Spagat zwischen Visualisierung und Diskussionsleitung nicht.

Dauert der Workshop – egal, wie viele Teilnehmer – länger als 4 Stunden, sollten Sie ebenfalls möglichst zu zweit moderieren. Sie schaffen es nicht, Ihre Konzentration so stabil zu halten, dass Sie den ganzen Tag voll da sein können. Denn als Moderator arbeiten Sie erfahrungsgemäß die ganze Zeit. Pausen nutzen Sie, um neue Überschriften zu formulieren, Wolken und Kuller zu beschriften, Ergebnisse zu sichern, Pinnwände umzubauen, bei einzelnen Teilnehmern zu intervenieren... Moderation sieht leicht aus, ist aber mentale Schwerstarbeit.

Ist das Thema emotional hoch belastet (zum Beispiel eine Konfliktmoderation zwischen zwei Abteilungen, die Einführung eines neuen Entgeltsystems, Hierarchie übergreifende Workshops, die Erwartungshaltungen klären sollen etc.), moderieren Sie ebenfalls besser zu zweit. Manchmal benötigen Sie hier für jede Kleingruppe einen externen Moderator, oder es werden interne Konflikte auf den Moderator projiziert, so dass hier ein „Personalwechsel“ während der Moderation hilfreich sein kann. Und manchmal benötigen Sie einfach bei komplexen Moderationen einen Partner, mit dem Sie prozessorientiert den kompletten Verlauf immer wieder reflektieren und planen. Also auch hier: Schwerstarbeit!

Ausnahmen von der Regel

Wann können Sie allein moderieren?

- bei kleinen Gruppen (3-5 Leute) mit einem reinen Sachthema
- bei gut trainierten Gruppen (bis zu 10 Leuten), die die Methodik kennen und Sie bei der Visualisierung unterstützen

- bei Unterstützung durch einen „Assistenten“ aus der Gruppe, der die Visualisierung und den Medienaufbau für Sie übernimmt. Achten Sie hier darauf, dass auch dieser Assistent inhaltlich neutral bleiben muss!

Worauf sollte man bei Raum und Equipment achten?

Checken Sie Ihr Equipment vor Beginn durch

Zum professionellen Wirkungsfeld gehört natürlich auch eine gute Raumvorbereitung und bereitgestelltes Equipment. Dazu habe ich bereits auf Seite 22 bei unserer ersten Fallstudie einiges geschrieben. Dort finden Sie auch eine Checkliste für den Materialeinsatz.

Was sollte man fürs Fotoprotokoll berücksichtigen?

Ein Protokoll ist nur so gut wie seine Lesbarkeit

Bespannen Sie die Pinnwände mit Pinnwandpapier. Ist der Raum so beleuchtet, dass Sie mit Blitzlicht fotografieren müssen, heften Sie das Papier mit der matten Seite nach oben. Die glänzende Seite reflektiert beim Fotoprotokoll das Blitzlicht. Allerdings wirken die Farben auf der glänzenden Seite intensiver, weil das Papier nicht so saugfähig ist. Bei hellen Räumen ist das also Ihre erste Wahl.

Nehmen Sie lieber die Stifte mit Keilspitzen, auch wenn die Teilnehmer den Umgang damit üben müssen. Die Schrift lässt sich auf dem Fotoprotokoll wesentlich besser lesen. Verwenden Sie wasserlösliche Stifte, die anderen schreiben durch.

Verwenden Sie nicht zu dunkle Kartenfarben. Die Schrift trennt sich beim Fotoprotokoll nicht deutlich genug vom Hintergrund.

Kapitel 3

Umgang mit Konflikten und Altlasten – Prozess-Steuerung in der Moderation

In diesem Kapitel erwarten Sie:

- Umgang mit Altlasten
- Workshop und Unternehmenskultur
- Flexibilität im Prozess
- Moderator als Projektionsfläche
- Instrumente zur Prozess-Steuerung
- Umgang mit schwierigen Situationen

Beispiel: Herr Meyer stößt auf Altlasten

Altlasten belasten das Arbeitsklima

Wolfgang Meyer ist Projektleiter bei der Firma Gernbracht und leitet dort ein Projekt zur Einführung von SAP. Er hat diesen Job kurzfristig übernommen und ist erst vor wenigen Monaten von der Holding in die Tochtergesellschaft gewechselt. Dies ist nicht sein erstes Projekt. Und er hat gehört, dass es von Seiten einiger Mitarbeiter große Vorbehalte gegen die Einführung von SAP gibt. Deshalb hat er sich entschlossen, einen Kick-off-Workshop durchzuführen, um die Betroffenen auf das Projekt einzuschwören und sich der Zusammenarbeit zu versichern.

Bereits bei der Planung und Einladung der Teilnehmer merkt er, dass es Vorbehalte gibt. Er bekommt nur sehr widerstrebend die Zustimmung seines Abteilungsleiters zu diesem Kick-off: „Ja, wenn Sie meinen, dass das nötig ist...!?" Aus den Abteilungen hagelt es Absagen: „Keine Zeit! Das Tagesgeschäft, Sie wissen schon...!" Nur durch persönliche Gespräche kann er den einen oder anderen davon überzeugen, dass sie doch teilnehmen.

Zu Beginn des Workshops schildert Wolfgang Meyer den Teilnehmern die Vorzüge der neuen Software, zeigt auf, wie er sich den Projektverlauf vorstellt, und bittet dann, offene Fragen, Anmerkungen und ihre Kritik auf Kärtchen zu schreiben, um sie auf einer Tafel zu sammeln. Es zeigt sich beim Vorlesen der Kärtchen, dass nur wenige Fragen gestellt werden. Stattdessen wird Kritik geäußert:

„Software für unsere Zwecke völlig überdimensioniert."

„Wer soll das denn alles machen!"

„Unsere Mitarbeiter sind doch überhaupt nicht dafür qualifiziert!"

„Uns hat keiner gefragt."

„Software x ist für unsere Zwecke wesentlich besser geeignet!"

„Ohne externe Unterstützung geht da gar nichts!"

Im Dialog kommen die Konflikte meist ans Licht

etc.

Wolfgang Meyer erkennt, dass er noch einiges an Überzeugungsarbeit leisten muss, um die Teilnehmer für eine Zusammenarbeit zu motivieren. Eigentlich wollte er gerne mit den Teilnehmern einen Aktionsplan verabschieden.

Während die Kärtchen besprochen werden, entspinnt sich eine Diskussion. Es stellt sich heraus, dass der IT-Leiter und Vorgänger von Wolfgang Meyer die Entscheidung für SAP „selbstherrlich" getroffen hat. Die Anwender wurden überhaupt nicht gefragt und fühlen sich jetzt übergangen. Eigentlich ist man darüber aber noch nicht mal besonders aufgebracht, denn das spiegelt nach Meinung aller Teilnehmer nur das übliche Procedere wider.

Nun gerät Wolfgang Meyer selbst in die Schusslinie: Was der Workshop denn eigentlich solle? Man habe doch sowieso nichts zu entscheiden. Er soll einfach sagen, was er will. Und dann würde es schon gemacht.

Herr Meyer bricht den Workshop ab, dankt den Teilnehmern noch mal für ihr Kommen und verspricht, sie auch weiterhin über das Projekt auf dem Laufenden zu halten.

Natürlich ist auch Herr Meyer nicht zufrieden.

Doch was ist eigentlich schief gegangen?

Wie hätte er den Workshop noch retten können? Und wie kann er sein Ziel noch erreichen, die Betroffenen ins Boot zu holen?

Was ist eigentlich schief gegangen?

Das Kommunikationsklima im Unternehmen beeinflusst die Workshop-Ergebnisse

Tja, so hundertprozentig weiß man das natürlich nie. Hier gibt es aber einige Indizien dafür, dass das Unternehmen keine Beteiligungskultur der Mitarbeiter pflegt: ...das schleppende Einverständnis des Abteilungsleiters, ...das Vorschieben des Tagesgeschäfts bei den Mitarbeitern, ...der Ärger über den Ablauf des Entscheidungsprozesses, der im Workshop hochkommt.

Herr Meyer bringt also neuen Wind ins Unternehmen, und das ist auch gut so! Aber das funktioniert nicht von 0 auf 100 innerhalb nur eines Workshops. Ich denke, er hat einen guten Anfang gemacht. Wenn er allerdings die Rückdelegation der Gruppe akzeptiert – *Er soll einfach sagen, was er will. Dann wird das schon gemacht* –, wird sich der frische Wind schnell als warme Luft entpuppen. Er wird wahrscheinlich als Führungskraft im Unternehmen nicht sehr glücklich und auch nicht sehr erfolgreich werden.

Es ist immer wieder bemerkenswert, dass sich Mitarbeiter mit der Einbeziehung in Prozesse und Entscheidungen oft genauso schwer tun wie Führungskräfte. Dabei scheint es mir weniger die Angst vor der Verantwortung – bzw. bei Führungskräften vor der Abgabe von Verantwortung – zu sein als vielmehr die Angst vor Veränderungen. Nun kommt natürlich das gute, alte Schlagwort von der notwendigen „Personalentwicklung“. Vergessen wir aber nicht, dass wir weder einen erzieherischen noch einen therapeutischen Auftrag haben – nicht als Führungskraft und auch nicht als Moderator. Wir haben es schließlich mit Erwachsenen zu tun. Ganz pragmatisch würde ich Herrn Meyer empfehlen: Binden Sie bei weiteren Entscheidungen die Betroffenen durch gezielte Gespräche mit ein. Sprechen Sie auch noch mal den Workshop an und erläutern Sie in Einzelgesprächen Ihre Intention dabei. Und dann machen Sie einen weiteren Workshop mit klarem Vorbriefing und deutlichem Ziel, z.B.: Wir wollen den Einführungsprozess gemeinsam planen, damit das Tagesgeschäft so wenig wie möglich darunter leidet.

So kann er Vertrauen aufbauen und die Mitarbeiter in das Projekt integrieren.

Tipp:

Der Moderator baut im Workshop Vertrauen auf

Jeder Teilnehmer engagiert sich im Verlauf des Workshops, sobald er das Vertrauen gewonnen hat, dass er etwas bewirken kann. Oft entsteht sogar so etwas wie Euphorie über die eigenen Wirkungsgrade. Da muss eventuell von Seiten des Moderators etwas gebremst werden. So bedeutet die Erarbeitung einer Entscheidungsvorlage nicht unbedingt, dass die Entscheidung auch so getroffen wird. Schaffen Sie hier also Klarheit, sonst erzeugen Sie Frustrationen!

Workshops benötigen zum Funktionieren eine bestimmte Beteiligungskultur im Unternehmen. Die Einbindung von Mit-

Ohne Beteiligungskultur im Unternehmen können Workshops nicht gelingen!

arbeitern in Entscheidungsprozesse sind wesentlicher Bestandteil eines kooperativen und partizipativen Führungsstils. Diese Kultur muss möglicherweise erst aufgebaut werden. Denn auch ein Kulturwandel – zum Beispiel durch Wechsel des Führungsstils im Unternehmen – braucht seine Zeit, bis er sich bis zur Mitarbeiter-Basis herumspricht.

Wie hätte er den Workshop noch retten können?

Die Voraussetzungen, auch einen solchen verfahrenen Workshop zu retten, sind gut:

- Er hat die Leute ja jetzt alle da. Das ist die Grundvoraussetzung für ein gemeinsames Gespräch.
- Das Gesprächsangebot wurde angenommen. Es wurden Kärtchen geschrieben, der Ärger angesprochen – der Konflikt liegt offen.
- Er ist in seiner Funktion noch unverbraucht. Er selbst trägt keine Altlasten mit sich.

Trotzdem wird es nicht ganz einfach, denn er hat bereits Angriffsfläche geboten. Er sollte jedoch erkennen, dass der Ärger, der sich da gegen ihn richtet („Stiehl uns nicht die Zeit! Sag, wie es weitergeht. Wir sind das so gewohnt!"), eigentlich nicht ihn meint. Hier kommt der Ärger hoch über die gesamte Führungssituation, über die Versäumnisse seines Vorgängers, über das Nicht-gefragt-Werden und damit keinerlei Wertschätzung für die eigene Fachkompetenz zu erfahren, über das Übergangen-Werden bei Entscheidungen, die die eigene Abteilung betreffen, und, und, und...

In solchen Krisen flexibel einen Dialograhmen bauen und das Ergebnis sichern

Ein bisschen viel für einen Menschen! Da läuft der Moderator schnell Gefahr, sich zu rechtfertigen, Gegenangriffe zu starten, Fehler zu machen. Die Entscheidung von Herrn Meyer, den Workshop abzubrechen, war somit eine weise Entscheidung. Es war aber sicherlich nicht die einzig mögliche.

Hätte er sich entschlossen, den Workshop weiterzuführen, wäre seine Aufgabe jetzt das Versachlichen der Situation gewesen: Er kann versuchen, den Blick der Gruppe von der Vergangenheit auf die Zukunft zu richten, von der grundsätzlichen Situation auf das konkrete Projekt. Und hier kann er vieles wieder gutmachen, was in der Vergangenheit gescheitert ist. Denn er kann die Gruppenmitglieder fragen, ihnen zuhören, sie ernst nehmen. Sammelt er jetzt Anregungen, bindet sie in die Planung mit ein, zeigt, dass er bereit ist, ihre Ideen anzunehmen – dann hat er die Gruppe wieder im Boot. Dafür muss er aber zuerst einmal Raum bieten, den Frust abzulassen, den Ärger zu äußern. Hier ist es manchmal hilfreich, ein Stück aus der Moderatorenrolle herauszukommen, sich einfach zu der Gruppe zu setzen und sich einzulassen: „Du lieber Gott, da ist ja einiges schief gegangen. Was ist denn da gelaufen?“ Reden lassen, zuhören, Befindlichkeiten spiegeln („Ja, das hätte mich auch geärgert!“) und ernst nehmen. Und irgendwann ist dann Zeit für die Frage: „Wie hätten Sie es sich gewünscht? Was wünschen Sie sich von mir als Projektleiter?“ Jetzt sind Sie an der Sache und haben das Vertrauen gewonnen, dass Sie als Moderator benötigen. Jetzt könnte Herr Meyer mit seinem geplanten Workshop wahrscheinlich weitermachen.

Der Moderator dient als Projektionsfläche!

Als Moderator bieten Sie auch Projektionsfläche für Kritik und Ärger. Akzeptieren Sie diese Rolle und kämpfen Sie nicht dagegen an. Sie persönlich sind nicht gemeint!

Die ModerationsMethode bietet auch Instrumente zur Prozess-Steuerung. Jetzt ist der richtige Zeitpunkt, sie genauer zu beleuchten.

Instrumente zur Prozess-Steuerung in der Gruppe

Konflikte lassen sich nicht ausklammern

Auch zur Steuerung gruppendynamischer Prozesse gibt es einige wichtige Instrumente, die für eine gute Moderation unverzichtbar sind. Möglicherweise meint jetzt der eine oder andere: „Ach, wir arbeiten nur an Sachthemen. Mit Konflikten beschäftige ich mich nicht – das brauche ich nicht.“ Das höre ich besonders häufig von Qualitätsbeauftragten und Technikern. Tja, auch wenn Sie sich nicht mit den Konflikten beschäftigen, beschäftigen sich die Konflikte im Zweifelsfall mit Ihnen. Sie scheitern in Ihren Moderationen, wenn Sie das nicht erkennen! Das heißt nicht, dass Ihre Workshops nicht irgendwie laufen, aber die erarbeiteten Ergebnisse taugen dann nichts!

Die Erwartungsfrage

Wichtig zu Beginn: Fragen Sie die Gruppe, was diese von dem Workshop erwartet. Natürlich sollten alle Mitglieder eines Workshops vorab gebrieft worden sein – dazu gab es eine Einladung mit Workshop-Ziel. Trotzdem hat jeder seine eigenen Vorstellungen und ein ganz individuelles Verständnis der Situation. Das gilt es zu erfragen. Möglicherweise erkennen Sie, dass Ihr Teilnehmer-Briefing oder auch Ihr eigenes Briefing durch den Auftraggeber nicht ausreichte. Je früher Sie das in Erfahrung bringen, umso eher können Sie sich darauf einstellen und ggf. umdisponieren.

Unterschiedliche Teilnehmer-erwartungen sind Störquellen

Typische Störquellen aus der Praxis:

a) Sie setzen zu viel voraus.

Beispiel: Sie wollen eine Corporate Identity fürs Unternehmen erarbeiten. – Reaktion: Was zum Teufel ist Corporate Identity? Gibt's dafür kein deutsches Wort?

Die erste Beziehungsstörung ohne Not.

b) Sie unterschätzen die aktuelle Situation.

Beispiel: Sie möchten als Qualitätsbeauftragter mit der Gruppe nach dem Umbau eines Produktionssegments die Prozessketten optimieren. – Reaktion: Wozu zum Teufel die ganze Segmentierung? Uns hat wieder keiner gefragt!

c) Sie haben falsche Hoffnungen geweckt.

Beispiel: Sie wollen für das Management eine Entscheidungsvorlage erarbeiten lassen. – Reaktion: Wieso Entscheidungsvorlage? Ich dachte, wir können das hier entscheiden.

d) Die Gruppe hat Altlasten im Gepäck.

Beispiel: Sie wollen den Workshop durchführen. – Reaktion: Schon wieder dieser Akt mit den Kärtchen. Was soll der ganz Mist? Die da oben machen ja doch, was sie wollen.

e) Es existieren Konflikte in der Gruppe.

Beispiel: Sie wollen ein Thema bearbeiten. – Reaktion: Hier macht doch sowieso keiner den Mund auf!

Eine frühe Erwartungsfrage schafft Klarheit

Die Erwartungsfrage gibt Ihnen also gleich zu Beginn wesentliche Informationen darüber, wie die einzelnen Teilnehmer „drauf sind“. Es ist immer frustrierend, wenn Sie erst gegen Ende der Sitzung feststellen, dass man aneinander vorbeigeredet hat. Deshalb sollte diese Frage zum absoluten Standard eines Moderationsfahrplans gehören.

Die Beispiele zeigen, dass man die Frage recht oberflächlich – aber auch kurz – halten kann oder dass Sie auch sehr detaillierte Nachfragemöglichkeiten haben. Für welche Form Sie sich entscheiden, hängt sicherlich einerseits von der zur Verfügung stehenden Zeit ab, aber auch davon, wie trainiert die Gruppe ist und wie hoch Sie das Konfliktpotenzial in der Gruppe einschätzen.

Tipp:

Untrainierte Gruppen haben oft nur sehr nebulöse Erwartungen über den Workshop und die Form der Bearbeitung. Hier empfiehlt sich eher die Durchführung einer Einpunkt-Frage. Durch gezieltes Nachfragen können dann in einer gemeinsamen Diskussion einzelne konkrete Statements gesammelt werden.

Die schnelle Einpunkt-Frage, wenn die Zeit knapp ist

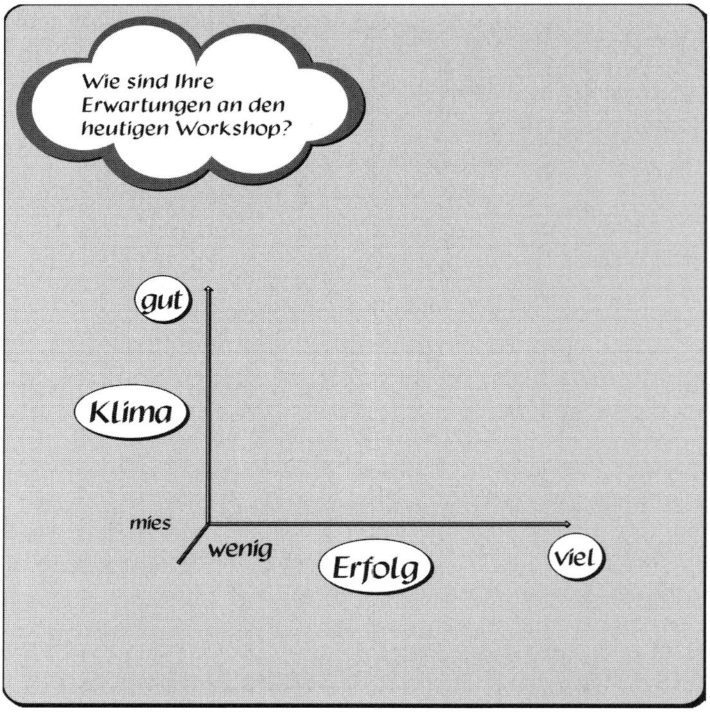

Abbildung 12: Erwartungshaltung klären mit Einpunkt-Frage

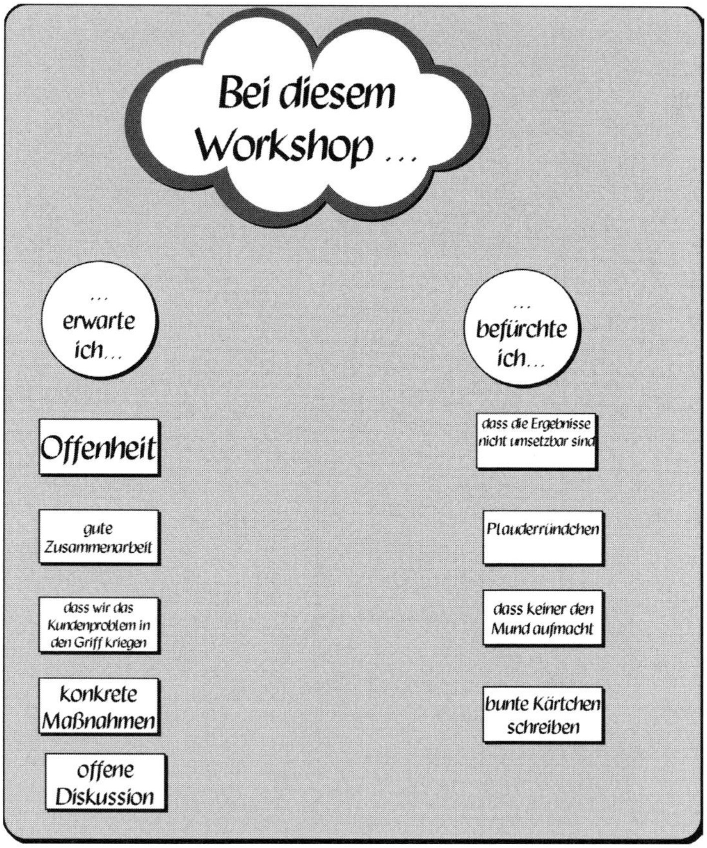

Die komplexe Variante, wenn Konflikte zu befürchten sind

Abbildung 13: Erwartungshaltungen über Kartenfrage klären

Das Stimmungsbarometer

Das Stimmungsbarometer zeigt – wie der Name schon sagt – kurz und präzise die jeweilige Stimmung der einzelnen Gruppenmitglieder. Durch die wiederholte Durchführung (zum Beispiel zu Beginn und zum Ende eines Tages) lässt sich auch eine Veränderung im Gruppenklima gut dokumentieren.

Der Überblick über die aktuelle Befindlichkeit

Abbildung 14: Stimmungsbarometer

Das Stimmungsbarometer wird anschließend kurz besprochen, damit jeder in der Runde die Gelegenheit hat, seine Befindlichkeit kurz zu kommentieren. Das ist für den Moderator natürlich besonders aufschlussreich, wenn das Barometer ein deutliches Tief aufweist. Hier sind die Fragen hilfreich: „Woran liegt´s? Was können wir tun, um die Stimmung zu verbessern?"

Bitte vermeiden Sie Formulierungen wie „Wer hat diesen Punkt geklebt?". In der Regel sind Teilnehmer, die deutlich Position beziehen, auch bereit, über die Gründe zu sprechen. Aber viele Menschen reagieren mit deutlicher Zurückhaltung auf die klassische Elternfrage: „Wer war das?"

Tipp:

Eigene Unsicherheiten sollten nicht dazu führen, dass Sie nun alle halbe Stunde Ihre Gruppe ein Stimmungsbarometer punkten lassen. Das dürfte Ihre Teilnehmer überstrapazieren und zu einem deutlichen Stimmungsabfall führen. Ich setze das Instrument auch bei technisch/analytisch-orientierten Zielgruppen eher sparsam ein, da hier die Akzeptanz für das Verfahren nicht immer gegeben ist.

Instrument sparsam einsetzen

Das Blitzlicht

Der richtige Zeitpunkt für ein Blitzlicht ist gegeben, wenn

Blitzlicht in komplexen oder unklaren Situationen

- sich die Gruppe festgefahren hat
- keiner mehr etwas sagt
- einzelne Teilnehmer deutliche oder auch undeutliche Unmutsbekundungen zeigen
- ich als Moderator nicht mehr weiter weiß.

Die Methode ist simpel: Jeder im Kreis sagt einige kurze Sätze dazu, wie er sich zur Zeit fühlt (mit dem Thema, mit der Gruppe, mit dem Moderator) und was er sich aktuell wünscht.

Es geht reihum, jeder kommt dran, niemand wird unterbrochen, alle hören zu, und die Beiträge werden nicht untereinander kommentiert. Auch Sie als Moderator machen aktiv mit (hier dürfen Sie sich mal voll einbringen!).

Aus den Beiträgen der Gruppenteilnehmer erhalten Sie wichtige Hinweise, die Sie für eine weitere Fortsetzung des Workshops benötigen:

- Vielleicht ist die Gruppe müde – machen Sie eine Pause.
- Vielleicht gibt es Konflikte in der Gruppe: Der Vielredner, der nervt. Der Besserwisser, der alle anderen Vorschläge kritisiert. Gebildete Fronten, die das konstruktive Weiterarbeiten unmöglich machen. – Manchmal hilft es schon, dass diese Punkte angesprochen wurden, ansonsten können Sie hier Spielregeln ergänzen. Eventuell können Sie auch nachfragen, ob die angesprochenen

Konflikte jetzt bearbeitet werden sollten. Das ist allerdings die Variante für Fortgeschrittene.

- Vielleicht nervt die von Ihnen vorgeschlagene Methode. – Schlagen Sie eine andere Methode vor. Oder fragen Sie nach Vorschlägen aus der Gruppe.
- Vielleicht hat die Gruppe den Eindruck, dass die vorgeschlagene Fragestellung nicht weiterführt. – Schlagen Sie eine andere Fragestellung vor. Falls Ihnen nichts einfällt: Klären Sie mit der Gruppe, welche Frage diese jetzt gerne bearbeiten würde.

Tipp:

Ändern Sie nicht ohne Not die Methodik. Sie haben die Verantwortung für den Prozess, und die können und dürfen Sie nicht delegieren. Trotzdem sollten Sie auf Befindlichkeitsstörungen wohlwollend eingehen. Notfalls machen Sie eine kurze Pause, und überlegen Sie in Ruhe, wie Sie mit dem Widerstand umgehen können. Beachten Sie dabei, dass Widerstände gegen Methoden häufig verschobene Konflikte sind – nicht die vorgeschlagene Methode stößt auf Widerwillen, sondern das Thema. Oder die Gruppe traut einander nicht, traut vielleicht auch Ihnen nicht. Oder, oder, oder...

- Vielleicht möchte sich die Gruppe lieber weiter mit dem vorhergehenden Thema beschäftigen. – Sprechen Sie die Konsequenzen an (Was können wir hier konkret erreichen? Was passiert mit den anderen Themen? etc.), und dann folgen Sie der Gruppe: Störungen haben Vorrang!
- Vielleicht ist aber die Gruppe auch ganz glücklich. – Dann haben Sie sich möglicherweise einfach in Ihrer Wahrnehmung getäuscht. Gut, dass wir drüber gesprochen haben!

In der Abschlussphase: Blitzlicht fürs Fazit

So ein Blitzlicht ist auch zum Abschluss einer Arbeitseinheit, eines Tages ein gutes Instrument des Fazitziehens: Wie zufrieden bin ich mit dem erarbeiteten Ergebnis? Wie habe ich die Arbeit in der Gruppe erlebt? Wie sieht mein Blick in die Zukunft aus?

Falls noch Dinge offen geblieben sind, kann man eventuell jetzt noch Ergänzungen im Maßnahmenplan vornehmen.

In der Regel läuft das Fazit aber positiv, weil die Erfahrung des gemeinsamen Erarbeitens in der Gruppe, die erfahrene

Wertschätzung und Partizipationsmöglichkeit und auch die visualisierten Ergebnisse an den Pinnwänden mit den klaren Aktionsplänen ein echtes Erfolgserlebnis ermöglichen. Hier dient das Blitzlicht also noch einmal der Stärkung der Selbstmotivation: Schön war´s! Gut war´s! Hat was gebracht! Nach einer solchen Erfahrung ist die Bereitschaft, sich auch zukünftig in Workshops zu engagieren, außerordentlich hoch.

Allerdings nur, wenn die gesammelten Ergebnisse auch umgesetzt werden.

Umgang mit schwierigen Situationen

Natürlich läuft nicht jede Moderation so durch, wie sie ursprünglich geplant wurde. Viele Störfelder habe ich in den vorangehenden Kapiteln angesprochen. Einiges sollte aber noch ergänzt werden. Hier eine Sammlung von einzelnen Geschehnissen, welche die Intervention des Moderators möglicherweise notwendig machen:

Verschiedene Hierarchie-Ebenen nehmen am Workshop teil

Im Workshop sind alle gleich!

Dies ist grundsätzlich wünschenswert, da die Informationsflüsse zwischen den einzelnen Ebenen in den meisten Unternehmen deutlich schwächeln. Hier gibt es also eine wunderbare Gelegenheit zum Austausch und zur offenen Diskussion. Allerdings sollte nicht unterschätzt werden, dass die Teilnahme von Hierarchen, und damit von direkten Vorgesetzten, bei nicht wenigen Mitarbeitern auf erhebliche Vorbehalte stößt. Von einem offenen Dialog kann dann keine Rede mehr sein.

Klären Sie also im ersten Schritt, wie offen die Kommunikation in der Abteilung ist, ob Repressalien befürchtet werden, wie Führung erlebt wird.

Danach planen Sie Ihre Methodik, bieten Sie geschützte Räume: Arbeiten Sie mit „anonymen“ Methoden wie Karten-Frage und Meinungsbarometer. Lassen Sie Mitarbeiter und Führungskräfte getrennt in Kleingruppen arbeiten, und führen Sie die Ergebnisse anschließend im Plenum zusammen. Nutzen Sie das Element der Vernissage, um Diskussionen anzuregen.

Es kann passieren, dass Führungskräfte im Workshop mit für sie unangenehmen Wahrheiten konfrontiert werden, dass sie plötzlich am Pranger stehen. Wenn eine Gruppe sich zur Offenheit entschließt, kann die Situation durchaus eskalieren. Bereiten Sie die Führungskräfte vorab darauf vor, dass

Führungskraft am Pranger: Chance, Konflikte auszuräumen

dies möglicherweise passieren wird. Dieser Prozess ist normal, und die Führungskräfte können jetzt durch ihren Umgang mit der Kritik Autorität gewinnen oder verlieren.

Wichtig ist, dass die Führungskräfte diese Situation als Chance begreifen: Der Dialog mit den Mitarbeitern hat begonnen. Und nicht alle Menschen beherrschen die „Feedback-Regeln“; da wird auch schon mal Tacheles geredet. Aber es wird geredet. Endlich spricht man die Konflikte an, und sie können bearbeitet werden.

Wenn die Führungskraft jetzt offen mit den Konfliktpunkten umgeht, zuhört und ihre eigene Betroffenheit äußert (und wer wäre nicht betroffen und verletzt, wenn er mit seinen Schwächen konfrontiert wird), gewinnt sie den Respekt der Gruppe. Wer jedoch versucht, sich in seine Machtposition hineinzuretten, Gegenangriffe reitet oder Repressalien androht, hat seine Autorität verloren.

Einzelne Personen zeigen eine ausgeprägte Dominanz

Dominierende Teilnehmer behindern Kreativität

Manchmal übernehmen einzelne Personen gerne eine Führungsrolle in der Gruppe, sie schwingen sich zum Wortführer auf und bestimmen die Richtung, in der es langgeht. So wichtig solche Personen im Tagesgeschäft sind, im Workshop behindern sie möglicherweise eher die Lösungsfindung. Denn es ist ja nicht grundsätzlich so, dass extravertierte Menschen automatisch die besseren Ideen haben als die introvertierten.

Dieses Verhalten kann dazu führen, dass die Gruppe

- sich zurücklehnt und passiv wird: „Lasst den Willi mal machen. Der macht das gut!“
- aggressiv reagiert, einzelne Mitarbeiter bewusst widersprechen, nur um in Opposition zu gehen.

Beide Reaktionen sind nicht zielführend, da sie die Sacharbeit behindern. Ihre Aufgabe ist es also, den Wortführer wieder an seine Rolle zu erinnern, jedoch ohne ihn zu verletzen oder auszubremsen (denn vielleicht hat er ja wirklich die genialsten Ideen).

Im ersten Schritt können Sie Methoden wählen, bei denen alle zu Wort kommen – eine Frage mittels Karten lässt sich bei den meisten Fragestellungen realisieren.

In der Diskussion binden Sie Leute mit ein, die nonverbale Signale senden: „Ich sehe, Sie runzeln die Stirn. Was meinen Sie dazu?“ Fragen Sie also bewusst nach der Meinung der anderen. Meist genügt das schon, damit sich der Vielredner zurücknimmt.

Tipp:

Wenn alles nicht fruchtet, nehmen Sie die Person in der Pause zur Seite und sprechen Sie sie konkret an: „Ich merke, das Thema ist Ihnen sehr wichtig. Ich mache mir aber Sorgen, dass sich andere in der Gruppe jetzt ein Stück zurückhalten, da Sie Ihre Meinung mit so viel Engagement vertreten...“ Das hat noch immer geholfen!

Jemand versucht, die Rolle des Moderators zu übernehmen

Als Moderator haben Sie durchaus eine leitende Funktion im Workshop. Es kann passieren, dass Ihnen jemand diese Position streitig macht. Meist macht sich das an der Methodenwahl fest: „Können wir das nicht lieber so machen?“ – „Ich schlage vor, dass wir lieber an diesem Thema weiterarbeiten.“ – „Das dauert alles so lange. Es reicht doch, wenn das einer macht!“

Wichtig ist es zu unterscheiden, ob einer tatsächlich mit dem Moderator in Konkurrenz tritt oder ob er einfach eine andere und evtl. sogar bessere Idee für das weitere Arbeiten hat. Im Zweifel gehen Sie vom Letzteren aus!

Prüfen Sie also im ersten Schritt immer den Beitrag auf seinen Sachgehalt:

- Ist der Vorschlag gut, übernehmen Sie ihn.
- Taugt der Vorschlag nichts, bleiben Sie bei Ihrer Methodik.
- Ist beides möglich, lassen Sie die Gruppe entscheiden.

- Falls Sie sich nicht klar sind, wo genau die Widerstände liegen, fragen Sie nach: „Was stört Sie an dem geplanten Vorgehen?" – „Was versprechen Sie sich von Ihrem Vorschlag?"

Reagieren Sie nicht auf die Person, sondern auf der Sachebene

Kämpfen Sie nicht gegen Teilnehmer an. Sie haben schnell die komplette Gruppe gegen sich. Dann kann Ihnen nur noch ein Blitzlicht helfen, falls überhaupt noch etwas hilft.

Tipp:

Ignorieren Sie schlichtweg, wenn jemand zu Ihnen in Konkurrenz tritt und Ihre Rolle bedroht. Reagieren Sie aus der Position der Stärke. Versachlichen Sie die Beiträge und reagieren Sie auf der Sachebene. Je mehr man sich in seiner Position bedroht fühlt, umso krasser reagiert man. Fühlen Sie sich also nicht bedroht! Realität ist, was sich in Ihrem Kopf abspielt.

Es gibt auch schon mal die Situation, dass plötzlich einer der Teilnehmer aufspringt, schnell ein paar Kärtchen hin und her hängt und plötzlich neben Ihnen stehend die Diskussionsleitung übernimmt. Das macht natürlich keinen guten Eindruck – hier müssen Sie reagieren. Dabei hilft Humor! Verscheuchen Sie mit deutlichen Gesten und einem breiten Grinsen den Teilnehmer: „Hallo, machen Sie mich nicht arbeitslos. Das ist mein Part!"

Sollte es sich bei der Person um Ihren Auftraggeber handeln, reagieren Sie in der Sache genauso. Fruchtet dies nichts, machen Sie eine kurze Pause und klären Sie mit der betroffenen Führungskraft die Rollen. Meist handelt es sich nur um Überengagement, das Sie verständnisvoll aber bestimmt wieder in gemäßigte Bahnen bringen.

Einzelne Teilnehmer verlassen die Runde

Keine Sacharbeit ohne die Know-how-Träger!

In Zeiten von Handys und permanenter Verfügbarkeit ist es keine Seltenheit, wenn Teilnehmer kurzfristig abberufen werden. Dies ist immer ärgerlich, für den Moderator ebenso wie für die Gruppe oder den Teilnehmer selbst. Aber auch das Tagesgeschäft hat seine Tücken.

Solange es sich bei dem Teilnehmer nicht um einen Know-how-Träger oder um den Stelleninhaber einer Schlüsselfunktion für das Thema handelt, können Sie weiterarbeiten. Sie sollten sich aber noch einmal versichern, dass der Teilnehmer das erarbeitete Ergebnis auch akzeptiert: „Ist das o.k. für Sie, wenn wir das Thema weiter bearbeiten?“ – „Gibt es Punkte, die wir auf jeden Fall berücksichtigen sollten?“ (diese mitnotieren) – „Werden Sie später wieder dazustoßen?“

Wenn der Teilnehmer aber tatsächlich eine Schlüsselfunktion innehat, hilft es nichts. Brechen Sie den Workshop ab! Alles andere ist Zeitverschwendung für die Gruppe und für Sie. Diese Konsequenz dürfte dazu führen, dass sich alle Teilnehmer tatsächlich beim nächsten Mal die komplette Zeit frei halten.

Tipp:

Dies gilt übrigens auch, wenn ein Schlüsselfunktionär einen Platzhalter schickt, sprich: einen Vertreter, der jedoch nichts zu sagen hat und nichts zu sagen weiß. Auch hier: neuen Termin definieren und abbrechen!

Der Moderator soll sich inhaltlich äußern

Der Moderator ist neutral. Diese Neutralität und Objektivität ist elementar für das Gelingen der Moderation. Nur wenn Sie gut zuhören und die verschiedenen Sichtweisen strukturieren und integrieren können, ohne sie zu werten, erhalten Sie ein gutes Sachergebnis, das die Akzeptanz der Gruppe hat.

Geben Sie Fragen an die Gruppe zurück

Trotzdem gibt es immer wieder Situationen, wo Teilnehmer den Moderator konkret ansprechen: „Sie haben das doch schon öfter gemacht. Wie sehen Sie das?“

Hier ist die richtige Antwort: „Meine Meinung zählt hier nicht. Wichtig ist nur, was Sie für richtig halten!“

Eine andere Fragenvariante der Teilnehmer: „Kann man das nicht so und so machen?“ Wenn Sie jetzt hier Stellung beziehen, verlieren Sie Ihre inhaltliche Neutralität. Geben Sie die Frage also an die Gruppe zurück. Hier ist die Standardantwort: „Was sagt die Gruppe dazu?"

Es wird immer wieder gefragt, wie viel Know-how der Moderator über ein Thema, das er moderiert, haben muss. Manchmal hört man dazu: „Der Moderator muss über das Thema gar nichts wissen. Er ist nur für die Methodik verantwortlich!"

Know-how ist nützlich, aber die eigene Meinung nicht

Das sehe ich etwas anders. Denn um die richtigen Fragen zu stellen, müssen Sie meist die grobe Richtung zur Zielerreichung schon kennen! Know-how im Thema schadet also nicht, sondern kann nützen. Sie haben es sehr viel leichter, einen Sachverhalt zu strukturieren, zu abstrahieren und zum Ergebnis zu führen.

Was aber definitiv schadet, ist eine eigene Meinung! Sobald Sie mit Herzblut an einem Thema hängen, sind Sie als Moderator nicht zu gebrauchen.

Kann man denn überhaupt ohne Know-how einen Workshop moderieren?

Ja, das kann man. Wenn man sich Zeit nimmt für ein umfangreiches Vorbriefing, wenn man Spezialisten in der Runde sitzen hat und wenn man die Fähigkeit besitzt, zuzuhören, Fakten zu analysieren, neugierige Fragen zu stellen und sein Ziel nicht aus den Augen zu verlieren.

Der Moderator gerät in Zeitnot

Bei Zeitnot die Gruppe fragen, bevor Sie entscheiden

Normalerweise merken Sie das nicht erst 10 Minuten, bevor die Zeit um ist. Also haben Sie Zeit genug, um zu reagieren:

- Beschränken Sie sich bei der Bearbeitung auf die für die Gruppe wesentlichsten Themen.
- Lassen Sie möglicherweise einzelne Arbeitsschritte weg oder fassen Sie zwei Schritte zusammen.
- Sprechen Sie die Zeitnot an und fragen Sie die Gruppe, wie sie damit umgehen will.
- Nehmen Sie in den Maßnahmenplan die offenen Themen auf, so dass sie im Anschluss von Arbeitsgruppen, Einzelpersonen oder im Rahmen eines Folgeworkshops bearbeitet werden.

Tipp:

Ich plane Pausenzeiten und Kleingruppenzeiten immer recht großzügig (Pausen 20 Minuten, Kleingruppenarbeiten 60 Minuten und länger). Wenn es eng wird, habe ich hier noch ein Polster.

Darüber hinaus informiere ich meinen Auftraggeber, dass ein Workshop ein dynamisches Instrument ist. Es können also immer wieder Themen aufkommen, die die Gruppe an der Arbeit hindern oder die vorrangige Priorität im Workshop bekommen. Diese müssen zuerst bearbeitet werden, denn sie sind wichtig für die Gruppe und behindern die Sacharbeit. Der Auftraggeber erfährt also auch vieles über die Befindlichkeit der Gruppe, Konfliktfelder oder systemische Probleme im Unternehmen. Dafür kann ich jedoch nicht garantieren, dass wir tatsächlich das geplante Workshop-Ziel erreichen. Er bekommt also ein Ergebnis, aber das kann ein völlig anderes sein als das in Auftrag gegebene.

Der Moderator trägt die Verantwortung für die Zeiteinhaltung!

Doch auch, wenn Sie nicht alles planen können, gilt: Der Moderator trägt die Verantwortung für den Zeitablauf! Ihr Timing wird sich mit Ihrer Erfahrung verbessern. Zu diesem Thema ein Zitat von Dr. Schrader, einem der Väter der ModerationsMethode: „Trotz aller Unwägbarkeiten genießen Moderatoren, die die verabredeten Zeiten einhalten, großes Ansehen!“

Das gut geplante Szenario passt nicht

Zum Teufel damit! Ändern Sie es.

In der Vergangenheit wurden die Ergebnisse nicht umgesetzt

Falls dies der Fall ist, sollten Sie das spätestens in der Erwartungsfrage mitbekommen. Die Gründe sind vielfältig:

- Das Tagesgeschäft war einfach stärker.
- Die Maßnahmen wurden nicht konkret genug geplant.
- Es gab keine Verantwortlichen für die Maßnahmen, keine festen Terminierungen.

- Die Termine verteilten sich übers ganze Jahr und reichten auch ins nächste Jahr hinein. Man hat das Thema aus den Augen verloren.
- Die Ergebnisse wurden nicht nach oben/unten/rechts /links kommuniziert.
- Die Maßnahmen betrafen andere Abteilungen, man hat also in anderen Bereichen herumgepfuscht (so etwas darf einem Moderator nicht passieren!).
- Die Führungskräfte hatten andere Vorstellungen.
- Es war kein Geld / keine Zeit vorhanden.

Jetzt gilt es, Vertrauen bildende Maßnahmen zu ergreifen. Folgende Fragestellungen sollten geklärt werden:

a) Was ist beim letzten Mal schief gelaufen?

b) Wie können wir dafür Sorge tragen, dass die Ergebnisse dieses Workshops umgesetzt werden?

Planen Sie Maßnahmen zur Umsetzungsunterstützung mit ein

c) Was kann eventuell der Moderator dazu beitragen, dass die Ergebnisse Gehör finden?

Wenn diese Fragen geklärt sind und konkrete Maßnahmen dazu verabschiedet wurden, ist meist die Bereitschaft der Teilnehmer wieder gegeben, sich im Workshop zu engagieren. Jeder konnte seinen Frust loswerden und hat nun eine konkrete Perspektive.

Der Auftraggeber erwartet ein konkretes Ergebnis

Vorsicht, hier droht der Alibi-Workshop. Unter dem Aspekt des kooperativen Führungsstils versucht die aufgeklärte Führungskraft, die Mitarbeiter einzubinden, obwohl sie das Ergebnis schon kennt.

(Die typische Frage in Führungskräftetrainings zum Thema Motivation: Wie bekomme ich meine Mitarbeiter dazu, das zu tun, was ich will. Und das gerne!)

Mit einer solchen Einstellung können Workshops nur scheitern. Warum?

- Weil das Vertrauen in die Qualifikation der Mitarbeiter nicht vorhanden ist.

- Weil stattdessen der Glaube vorherrscht, Mitarbeiter ließen sich manipulieren.
- Weil die Führungskraft sich als Maß der Dinge versteht: Mal sehen, wenn die Gruppe zum gleichen Ergebnis kommt wie ich, dann ist es prima, sonst muss ich doch selbst wieder ran.

Wenn die Führungskraft auf Grund ihrer Fachkompetenz die beste Lösung schon kennt, dann sollte sie ihre Mitarbeiter informieren und konkrete Anweisungen erteilen.

Kein Workshop, bei dem das Ergebnis vorab schon feststeht!

Als Moderator erhält man hier schon mal den Auftrag: „Schauen Sie mal zu, dass sich das Ganze in die und die Richtung bewegt!"

Lehnen Sie das mit einem klaren „Nein" ab! Mit Alibiveranstaltungen tragen Sie nur dazu bei, dass dieses wichtige Instrument der Mitarbeiterbeteiligung zur bloßen „Beschäftigungstherapie" degradiert wird. Das Neinsagen ist schwierig, wenn Ihr Auftraggeber auch Ihre Führungskraft ist oder eine wichtige Position in Ihrem Unternehmen einnimmt. Aber es hilft nichts. Sie können nur verlieren, wenn Sie den Auftrag so akzeptieren. (Sagen Sie wenigstens „ja, aber..."!)

Tipp:

Als externe Moderatorin habe ich es leicht: Ich spreche meine Auftraggeber immer direkt darauf an. „Haben Sie konkrete Vorstellungen, wie das Ergebnis aussehen sollte?" Kommt hier ein „Nein", bin ich im grünen Bereich. Falls ich die Antwort erhalte: „Es wäre natürlich schön, wenn...", spreche ich mit meinen Auftraggebern, wie sie bei einem abweichenden Ergebnis reagieren würden, ob sie mit einem anderen Ergebnis leben können, kurz: ob sie Vertrauen in die Fähigkeiten, den gesunden Menschenverstand und das Know-how ihrer Mitarbeiter haben. Erst dann entscheide ich, ob ich den Auftrag annehme oder nicht...

Eventuell alternative Maßnahmen vorschlagen

Auch als interner Auftragnehmer können Sie diese Fragen stellen, denn Sie sind der Moderationsexperte. Falls Sie den Eindruck haben, es wird eine Alibiveranstaltung, schlagen Sie Ihrem Auftraggeber eventuell ein alternatives Vorgehen vor (zum Beispiel eine reine Informationsveranstaltung mit anschließender moderierter Diskussion).

Kapitel 4

Ergebnissicherung durch die richtige Nachbereitung

In diesem Kapitel erwarten Sie:

- Protokoll erstellen und verteilen
- Umsetzung der Ergebnisse sicherstellen
- Einbinden von Entscheidern
- Ergebnispräsentation
- Kritische Reflexion

Beispiel: Außer Spesen nichts gewesen

Einen Workshop erfolgreich durchzuführen heißt noch nicht, dass der Workshop erfolgreich war. Denn erst in der Umsetzung der Ergebnisse zeigt sich, ob sich die Investition an Zeit und Geld gelohnt hat oder ob es ein Workshop war frei nach dem Motto: „Schön, dass wir mal drüber gesprochen haben!"

Das musste auch Frau Konrad aus der Personalentwicklung feststellen. Sie wurde vom Geschäftsführer Marketing /Vertrieb gebeten, als Moderatorin einen internen KVP-Workshop mit den Mitarbeitern und Mitarbeiterinnen aus Vertrieb und Marketing zu organisieren und durchzuführen.

Frau Konrad ist stolz. Sie hat vor drei Wochen erfolgreich den internen Workshop zur Prozessoptimierung moderiert. Die Teilnehmer aus Marketing und Vertrieb waren anschließend ganz euphorisch. Sie hatten gemeinsam viele Maßnahmen geplant, die die Zusammenarbeit zwischen den Abteilungen entscheidend verbessern und die Reibungsverluste an den Schnittstellen minimieren sollten. Heute ruft Frau Konrad bei Herrn Zaun, dem Auftraggeber des Workshops, an. Herr Zaun ist der Geschäftsführer Marketing/Vertrieb, und ihm lag das Thema sehr am Herzen. Frau Konrad möchte wissen, wie jetzt – nach 3 Wochen – der Status ist. Doch Herr Zaun hat keine guten Nachrichten.

„Nein, Frau Konrad, die Mitarbeiter sind ja des Lobes voll. Aber alles in allem bin ich etwas enttäuscht. Es wurden viele Aktivitäten geplant, aber richtig zuständig fühlt sich keiner. Ich weiß ja nicht genau, was alles besprochen wurde, aber so einiges, was ich da an Maßnahmen gehört habe, scheint mir auch nicht so ganz ausgegoren zu sein. Gestern musste ich beispielsweise Herrn Weber bremsen, der ein Schreiben an alle Kunden senden wollte, dass sich durch eine Organisationsänderung die Ansprechpartner für die Kunden wechseln. So geht das natürlich nicht." Frau Konrad bekommt einen Schreck – so war das nicht geplant gewesen: „Es tut mir leid, das zu hören. Wir hatten eigentlich vereinbart, dass Herr Weber das Verfahren mit Ihnen erst einmal bespricht." – „Nun ja, ich habe jetzt vorsichtshalber alle Maßnahmen gestoppt und werde mir den Prozess selbst noch einmal anse-

hen. Gut war auf jeden Fall, dass sich die Mitarbeiter einmal besser kennen gelernt haben. Aber das Prozedere für die Workshops müssen wir zukünftig anders regeln. Da erwarte ich auch von Ihnen konkrete Vorschläge."

Frau Konrad legt den Hörer auf. Sie ist ratlos. Es war doch alles gut gelaufen. Sie hätte nicht erwartet, dass Herr Zaun so strikt reagiert und alle besprochenen Maßnahmen jetzt blockiert. In den Vorgesprächen hatte er doch so kooperativ und offen gewirkt. Die Teilnehmer werden jetzt natürlich enttäuscht sein. Es hatten schon während des Workshops zwei Teilnehmerinnen Bedenken geäußert, ob die Maßnahmen tatsächlich umgesetzt werden. Aber sie hatte das ignoriert, weil sie einen ganz anderen Eindruck von dem Geschäftsführer hatte. Es war aber auch zu ärgerlich, dass Herr Meyer mit seinem Vorgehen so über das Ziel hinausgeschossen war.

Sie schaute sich das Protokoll noch einmal genauer an. Na ja, so richtig sauber ausformuliert war die Maßnahme nicht und die Schrift auf dem Foto war zudem kaum lesbar. Sie überlegt:

- Was kann ich beim nächsten Mal besser machen?
- Wie können Missverständnisse über Maßnahmen vermieden werden?
- Wie kann ich die Qualität des Fotoprotokolls verbessern?
- Und wie kann ich zukünftig die Geschäftsleitung einbinden, um die Umsetzung der Maßnahmen auch sicherzustellen?

Was folgt nach dem Workshop?

In der Endphase sorgt der Moderator dafür, dass der Workshop tatsächlich ein Erfolg wird, indem er

- den Maßnahmenplan zusammenstellen lässt
- darauf drängt, dass Verantwortlichkeiten und klare Termine definiert werden
- die Ergebnisse noch einmal zusammenfasst und den Prozess Revue passieren lässt.

Trotzdem ist jetzt noch einiges zu beachten, damit das Ergebnis nicht verpufft.

Die schnelle Protokollverteilung sichert die rasche Umsetzung der Maßnahmen!

Der Moderator sorgt für die Protokollierung der Ergebnisse und verteilt das Protokoll umgehend an alle Teilnehmer. Hier haben Sie die Alternative, entweder ein Fotoprotokoll zu erstellen oder die einzelnen Kärtchen noch einmal abzuschreiben.

„Umgehend" bedeutet: allerspätestens innerhalb einer Woche, am besten innerhalb von 24 Stunden.

Warum die Eile bei der Protokollverteilung?

Gehen Sie davon aus, dass sich die Teilnehmer keine Notizen gemacht haben und sich darauf verlassen, dass sie ein vollständiges Protokoll erhalten, wie Sie es schließlich zu Beginn des Workshops angekündigt haben. Deshalb ist es wichtig, dass tatsächlich alle relevanten Aussagen auf der Pinnwand festgehalten werden. Zum Ende eines Workshops ist die Motivation der Teilnehmer noch sehr hoch, die geplanten Aktivitäten schnell anzupacken und umzusetzen. Diese Motivation sinkt jedoch sehr schnell, wenn man wieder an seinem Schreibtisch sitzt und das Tagesgeschäft die Abläufe diktiert. Nur wenn die Teilnehmer wirklich ohne Zeitverzug mit der Umsetzung der Workshop-Ergebnisse beginnen, werden die geplanten Aktivitäten wirklich umgesetzt.

Um die Motivation der Teilnehmer zu erhalten, sollten sie auch über die einzelnen Schritte und Erfolge der durchgeführten Maßnahmen informiert werden. Planen Sie diese Informationsweitergabe also möglichst im Maßnahmenplan gleich mit ein.

Welche Form hat das Workshop-Protokoll?

In der Regel gibt es beim Workshop nicht nur ein Ergebnisprotokoll, sondern ein Verlaufsprotokoll. So kann man auch nach Wochen noch den Prozess der Ergebnisfindung nachvollziehen.

Das Fotoprotokoll bildet den kompletten Workshopverlauf ab!

Was die Form des Protokolls angeht, hatten Sie früher keine Wahl: Alles musste noch einmal abgeschrieben werden. Heute bieten Digitalkameras – oder auch eine ganz normale Kamera – die Möglichkeit, während aller Prozessphasen die Arbeitsergebnisse zu fotografieren (denken Sie während des Workshops daran, bevor Sie die einzelnen Kärtchen umhängen!) und die Fotos auch gleich zu kontrollieren. Damit Ihnen nicht die Ergebnisse verloren gehen, gilt: Schaffen Sie Redundanzen.

Bei wichtigen Workshops: Fotografieren Sie eventuell mit zwei Kameras parallel (es ist ärgerlich, wenn sich 40 Leute nochmals 2 Tage hinsetzen müssen, um den Workshop zu wiederholen!).

Bei weniger wichtigen Workshops: Sichern Sie auf jeden Fall den Maßnahmenplan auf dem Flipchart. Notfalls reicht das als Workshop-Ergebnis immer noch aus.

Verteilung vorher klären

Die Verteilung von Fotoprotokollen hat ihre Tücken, falls Sie die Daten extern verarbeiten. Ich maile in der Regel die Dateien von meinem Rechner über die Telefonleitung an die Teilnehmer, denn das geht am schnellsten. Dieses Verfahren bietet jedoch einige Nachteile:

Bei Workshops gibt es relativ große Datenmengen. Rund 20 Fotos im .jpg-Format lassen sich kaum noch komprimieren und machen mehrere MB aus. Die kann nicht jeder Mail-Server schlucken.

Tipp:

Sprechen Sie die Versendung des Protokolls per E-Mail im Workshop an. In der Regel kann der IT-Verantwortliche die Server-Beschränkung für kurze Zeit aufheben. Falls dies nicht möglich ist, schicken Sie das Protokoll an eine Person in mehreren Päckchen oder auf CD-ROM. Diese kann dann die Daten auf einen zentralen Server stellen und die Teilnehmer informieren. Prüfen Sie aber möglichst durch einen Telefonanruf bei einzelnen Teilnehmern, ob das auch geklappt hat.

Auch hat nicht jeder Teilnehmer Zugriff auf ein Programm, mit dem er sich die Bilder einlesen kann. Sie müssen dann einmal zentral ausgedruckt und für die Teilnehmer fotokopiert werden. Falls die Bildqualität nicht ausreicht, hilft es nichts: Dann benötigt jeder Teilnehmer einen eigenen Farbausdruck.

Tipp:

Lesbarkeit ist oberstes Gebot!

Es passiert schon mal, dass die mit einer Digitalkamera aufgenommenen Bilder eine zu geringe Auflösung haben, so dass die einzelnen Kärtchen nicht lesbar sind. Prüfen Sie also vorab mit Ihrer Kamera, welche Auflösung für Ihre Zwecke eingestellt werden muss. Stellen Sie sicher, dass Sie ausreichend Speichermedien zur Verfügung haben. Die Aufnahmen mit einem normalen Fotoapparat verfügen übrigens über eine deutlich höhere Auflösung. Hier führt eventuell die Digitalisierung bzw. das Fotokopieren zu Informationsverlusten, aber Sie haben zumindest die lesbaren Originalfotos!

Wie kann man die Umsetzung der Ergebnisse erleichtern?

Für den Moderator ist mit der Ablieferung des Protokolls üblicherweise die Arbeit beendet – es sei denn, Sie haben konkrete Umsetzungsaufgaben übernommen. Wenn Sie allerdings in einem Umfeld mit nur schwach ausgeprägter Beteiligungs- und Kommunikationskultur arbeiten, empfehle ich Ihnen, dies bei der Ergebnissicherung zu berücksichtigen.

Ergebnispräsentation vor dem Auftraggeber

Gut bewährt haben sich:

- die Präsentation der Ergebnisse durch die komplette Gruppe vor der nächsten Hierarchieebene noch im Rahmen des Workshops oder
- die Präsentation der Ergebnisse vor der nächsten Hierarchieebene durch eine Abordnung von Teilnehmern, eventuell unterstützt durch den Moderator, oder
- die Präsentation der Ergebnisse durch den Moderator – hier durchaus mit konkreten Hinweisen auf mögliche Konfliktpotenziale, konkrete Befürchtungen der Gruppe, Hinweise zur Motivation/Demotivation und Umsetzungsempfehlungen für die Führungskräfte.

Die erste Variante bietet sich bei Sachthemen immer an. Sie erhöht das Commitment der Gruppe in die Sache, da sie ja zum Workshop-Ende ein Ergebnis vorstellen wird. Die Führungskraft erfährt zeitnah, was die Gruppe sich bei ihren Lösungen gedacht hat, und man kann direkt in die Diskussion einsteigen, eventuell sogar direkte Entscheidungen treffen und konkrete Aktivitäten planen. Zeigen sich in der Gruppe Konflikte im Hinblick auf Führung oder auf zwischenmenschlicher Ebene, kann der Moderator hier steuernd eingreifen und bei der Konfliktbearbeitung helfen.

Die letzte Variante wird meist dann gewählt, wenn die Gruppe konkrete Repressalien befürchtet, sich kommunikativ der Führungskraft unterlegen fühlt und ein externes Sprachrohr benötigt.

Führungskräfte unterstützen bei der Umsetzung

Egal, welche Variante Sie bzw. die Gruppe wählen, sorgen Sie auf jeden Fall dafür, dass die Ergebnisse und Aktivitäten nach oben kommuniziert werden, damit nicht die Führungskraft die Durchführung der Maßnahmen unabsichtlich boykottiert. Binden Sie die jeweiligen Führungskräfte ein und sorgen Sie für einen reibungslosen Informationsfluss aus dem Workshop heraus nach außen.

Und sonst? Reflexion ist angesagt

Jeder Workshop ist es wert, dass man ihn noch einmal kritisch reflektiert:

- Was war gut?
- Was ist nicht so gut gelaufen?
- War das Ziel klar?
- Waren die Fragen zielführend?
- Konnte die Gruppe mit der Aufgabenstellung gut umgehen, oder gab es Verständnisfragen?
- Welche Methode hat gut funktioniert, welche hat Schwierigkeiten bereitet?
- Wie war meine Rolle als Moderator? Konnte ich meine Neutralität wahren? Wo nicht? Wie bin ich damit umgegangen?
- Wie lief das Zusammenspiel zwischen den Moderatoren? Gab es Abstimmungsprobleme? Konkurrenz?
- Wie war die Befindlichkeit in der Gruppe? Haben die Spielregeln ausgereicht? Gibt es eventuell noch latente Konflikte, die das Ergebnis möglicherweise beeinträchtigt haben? Wie kommuniziere ich das?
- Wird mein Auftraggeber / meine Führungskraft zufrieden sein? Wo sind eventuell noch Erwartungen unerfüllt? Wie kommuniziere ich das?
- Welche Ergebnisse hat der Workshop zusätzlich noch gebracht?
- Wie geht's jetzt weiter?

Tipp:

Lernen Sie aus Fehlern!

Am meisten lernt man in Workshops aus seinen Fehlern. Freuen Sie sich also an allem, was Ihnen schief geht. Es ist eine Lernchance! Sie sollten allerdings nicht unbedingt den gleichen Fehler zweimal machen. Es gibt genügend andere Möglichkeiten...

So gelingt der Workshop garantiert: Regeln im Überblick

Die im vorangegehenden Text enthaltenen Regeln, die Sie in den Randbemerkungen finden konnten, habe ich für Sie noch einmal explizit ausformuliert, sortiert nach Vorbereitung, Durchführungs- und Prozess-Steuerungsphase sowie Nachbereitung. Wenn Sie diese beachten, sind Sie in den meisten Fällen auf der sicheren Seite. Grundsätzlich gilt:

- Die Moderation von Workshops ist nicht mit der Leitung einer Besprechung zu verwechseln. Sie haben als Workshop-Moderator eine andere Rolle und sind der Neutralität verpflichtet.
- Wenn Sie merken, dass Ihnen die nötige Distanz zum Thema fehlt, Sie eventuell selbst betroffen sind, sollten Sie nicht moderieren, sondern lieber moderieren lassen.
- Workshops benötigen zum Funktionieren ein offenes Kommunikationsklima und eine Beteiligungskultur im Unternehmen. Diese müssen möglicherweise erst aufgebaut werden.

Zur Vorbereitung

- Übernehmen Sie als Moderator die Verantwortung für die schriftliche Einladung und Vorab-Information der Teilnehmer.
- Laden Sie die richtigen Teilnehmer ein.
- Klären Sie vorab die aktuelle Situation im Unternehmen, in der Abteilung. Fragen Sie konkret nach möglichen Befindlichkeitsstörungen, Konflikten in der Gruppe, nach anstehenden Veränderungen. Bereiten Sie sich darauf vor, dass diese Themen im Workshop von der Gruppe angesprochen werden.
- Schaffen Sie eine kreative Umgebung, die sich deutlich von den Bedingungen des Tagesgeschäfts abhebt. Checken Sie Raum und Equipment vor dem Workshop (mindestens 1 Stunde vorher).
- Planen Sie die Dramaturgie des Workshops (Zielführung, Schlüsselfragen, Technikeinsatz, Kleingruppen-

szenarien, Pausen), und denken Sie daran: Ein Workshop braucht Zeit (mindestens 3 Stunden)!
- Kommen Sie nie mit fertigen Lösungen in den Workshop!
- Und bringen Sie am besten Ihren eigenen Moderationskoffer mit!

Zum Ablauf

- Moderieren Sie größere Gruppen (ab 10 Personen) immer zu zweit.
- Bleiben Sie als Moderator neutral. Greifen Sie in keinem Fall inhaltlich ein. Das heißt aber nicht, dass Sie die Verantwortung für die Zielerreichung abgeben!
- Visualisieren Sie das Arbeitsthema, so dass es für alle Beteiligten jederzeit sichtbar ist.
- Vereinbaren Sie Spielregeln.
- Fragen Sie nach den Erwartungen der Teilnehmer. Und stellen Sie ein gemeinsames Verständnis über das Workshop-Ziel sicher!
- Steuern Sie durch Ihre Fragen (offene und geschlossene!) den Prozess. Sorgen Sie für Struktur und Übersicht.
- Stellen Sie Fragen, welche die Beteiligten zur Zusammenarbeit motivieren, und denken Sie daran: Falsche Fragen können Beziehungsstörungen verursachen.
- Sorgen Sie dafür, dass der komplette Prozess und alle Beiträge visualisiert werden, damit nichts Wichtiges verloren geht.
- Da viele Beiträge direkt von den Teilnehmern auf Karten oder Flipchart notiert werden, machen Sie eventuell eine kurze Schreibübung mit den Teilnehmern, um die Lesbarkeit des Geschriebenen für das Protokoll sicherzustellen.
- Sorgen Sie dafür, dass sich **alle** Teilnehmer zum Thema äußern.
- Setzen Sie das ganze Spektrum der Moderationstechniken zielgerichtet und abwechslungsreich ein.
- Geben Sie den Teilnehmern die Gelegenheit, in Kleingruppen von 3-5 Personen konkrete Fragestellungen zu diskutieren und zu bearbeiten. Achten Sie auch hier auf die Visualisierung der Ergebnisse! Und planen Sie ausreichend Zeit für die Arbeitsgruppen ein: zwischen 45 und 90 Minuten je nach Komplexität und Fragestellung.

- Gehen Sie nicht zu schnell vor: Zuerst kommt die Problembeschreibung, dann erst die Diskussion über Ursachen und mögliche Lösungsansätze!
- Keine Sacharbeit ohne die zuständigen Know-how-Träger – das ist pure Zeitverschwendung. Brechen Sie notfalls den Workshop ab und vertagen Sie!
- Der ausgefüllte Maßnahmenplan sichert den Workshop-Erfolg und schafft Zufriedenheit bei den Teilnehmern. Damit bei der Umsetzung nichts schief geht, lassen Sie einen „Kümmerer" benennen.
- Wechseln Sie nicht die Technik ohne Not – Sie haben die methodische Verantwortung.
- Halten Sie die Zeiten im Blick. Sprechen Sie zeitliche Engpässe mit der Gruppe an, und planen Sie gemeinsam das weitere Vorgehen.
- Bleiben Sie flexibel und schwingen Sie mit der Gruppe mit!

Zur Prozess-Steuerung

- Grundsätzlich gilt: Achten Sie auf die Sach- und Beziehungsebene in Ihrer Kommunikation, und bemühen Sie sich, Wahrnehmung und Vermutungen bewusst zu trennen!
- Störungen auf der Beziehungsebene belasten die Arbeit auf der Sachebene. Bearbeiten Sie jene deshalb vorrangig, bevor Sie im Thema fortfahren. Denn Konflikte lassen sich nicht ausklammern.
- Als Moderator bieten Sie auch Projektionsfläche für Kritik und Ärger. Akzeptieren Sie diese Rolle und kämpfen Sie nicht dagegen an. Sie persönlich sind nicht gemeint!
- Machen Sie keine Alibi-Workshops!
- Unterschätzen Sie nie die Intelligenz Ihrer Teilnehmer! Sie spüren jede Form von Manipulation sofort und reagieren dementsprechend verärgert (das trifft bereits auf solche „Kleinigkeiten" zu, wie das Clustern und Überschriftenbilden durch den Moderator bei der Kartenfrage – lassen Sie die Teilnehmer in der Verantwortung.).
- Während des Workshops sollte keine Einmischung von Hierarchen stattfinden. Klären Sie eventuelle Interventionen besser vorher inhaltlich und sachlich ab. Es gilt die Regel: Im Workshop sind alle gleich!

Zur Nachbereitung

- Sorgen Sie für die Protokollierung der Ergebnisse, und verteilen Sie das Protokoll umgehend an alle Teilnehmer. Klären Sie die Verteilung vorher mit der Gruppe ab.
- Ein Protokoll ist immer nur so gut wie seine Lesbarkeit!
- Binden Sie die jeweiligen Führungskräfte ein, und sorgen Sie für einen reibungslosen Informationsfluss aus dem Workshop heraus nach außen.
- Planen Sie ggf. eine Ergebnispräsentation vor den Führungskräften durch die Gruppe ein.
- Lernen Sie aus Ihren Fehlern.

Zum Schluss

Jeder Fehler ist eine neue Chance zu lernen! Das gilt für eigene Fehler, aber auch für die Fehler anderer Moderatoren. Ich hoffe, dass Sie dieses Buch so verstehen und dass Ihnen die Lektüre das Leben erleichtert.

Moderator wird man allerdings vor allem durch Erfahrung und Routine, nicht durch Lesen. Gehen Sie hin und probieren Sie es aus! Ich wünsche Ihnen viele interessante, spannende und motivierende Momente.

Dank an alle, die mich bei diesem Buch unterstützten:

- an meinen Mann Claus, der nicht nur Formatierungs- und Gestaltungsarbeiten übernahm, sondern mir auch den Rücken freihielt und in Krisen für die nötigen Streicheleinheiten sorgte
- meine Netzwerk-Kolleginnen Monika Kleinmanns und Teresa Komeyer-Schmitt, die den ersten Entwurf lesen mussten und mit wertvollen Tipps und Beispielen aus ihrem Erfahrungsschatz zum Gelingen beitrugen
- das Team des Windmühle-Verlags: vor allen anderen Rita Bolte, die dafür sorgte, dass das Buch eine Struktur bekam, Horst-Jürgen Glockauer für sein sprachliches Stilgefühl sowie Dr. Einhard Schrader, der mit seinen mitfühlenden Worten und wundervollen Kommentaren die Bearbeitung unterstützte
- die zahlreichen Fach- und Führungskräfte in Unternehmen und Betrieben, die mit mir ihre ersten Moderationserfahrungen sammeln konnten und mir die Idee zu diesem Buch gaben.

Zur Autorin

Andrea Revers (42) ist Diplom-Psychologin, ausgebildete Journalistin und Marketing-Beraterin. Sie arbeitete in Redaktionen, Agenturen und Unternehmen, davon viele Jahre in Führungspositionen. Seit 1996 ist sie freiberuflich als Unternehmensberaterin für interne und externe Kommunikation tätig. Während dieser Zeit hat sie zahlreiche Moderatoren und Moderatorinnen in Unternehmen ausgebildet und während der Einstiegsphasen betreut. In eigenen Projekten entwickelte und realisierte sie Workshops für mittelständische und Groß-Unternehmen.

E-Mail-Kontakt:
revers@reverscommunication.de

Literaturhinweise

Edmüller, Wilhelm: Moderation, STS Haufe, Freiburg

Klebert, Karin; Schrader, Einhard; Straub, Walter: ModerationsMethode. Das Standardwerk. Windmühle, Hamburg

Klebert, Karin; Schrader, Einhard; Straub, Walter: KurzModeration. Anwendung der ModerationsMethode für Veranstaltungen bis zu ½ Tag. Mit Fallbeispielen. Windmühle, Hamburg

Klebert, Karin; Schrader, Einhard; Straub, Walter: Winning Group Results. Techniques for guilding group thought and decision-making processes with the ModerationMethod. Contains 22 case studies. Windmühle, Hamburg

Malorny, Christian; Langner, Marc A.: Moderationstechniken. Werkzeuge für die Teamarbeit. Hanser, München

Mehrabian, A.: Nonverbal Communication. Chicago

Redlich, Alexander: KonfliktModeration. Windmühle, Hamburg

Schnelle-Cölln, Telse; Schnelle, Eberhard: Visualisieren in der Moderation. Eine praktische Anleitung für Gruppenarbeit und Präsentation. Windmühle, Hamburg

Schulz von Thun, Friedemann: Miteinander reden 1. Störungen und Klärungen. Rowohlt, Reinbek bei Hamburg

Seifert, Josef W.: Visualisieren, Präsentieren, Moderieren. Gabal, Offenbach

Watzlawick, Paul: Beavin, Janet H.; Jackson, Don D.: Menschliche Kommunikation. Formen, Störungen, Paradoxien. Huber, Bern

Nitor-Blended Learning

E-Learning + Präsenztraining + Tutoring

Steigern Sie Ihre Verhaltenskompetenz mit dem praxiserprobten Nitor-Trainings-Konzept durch die Kombination unterschiedlicher Lernformen.

E-Learning
Nitor hat vier Computer-Lernprogramme auf CD-ROM zu den Themen Moderation, Präsentation und Kommunikation entwickelt. Die Lernprogramme dienen den Lernern dazu, die theoretischen Lerninhalte zu einem Thema vor einem Präsenztraining selbstständig durchzuarbeiten.

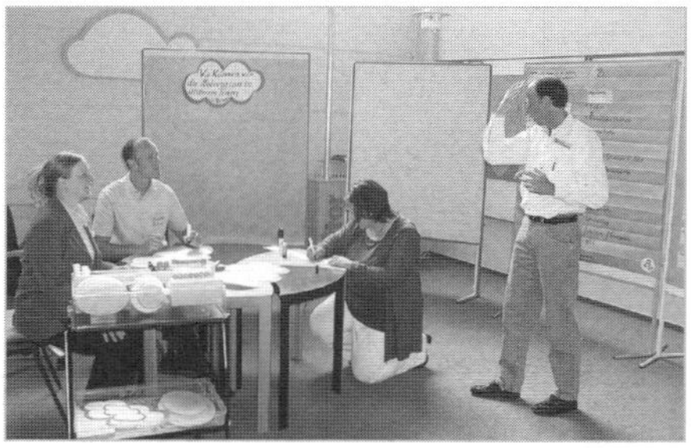

Präsenztraining
Im Präsenztraining wird das Gelernte anhand von Beispielen aus dem beruflichen Umfeld der Teilnehmer erprobt und geübt. Die Teilnehmer bringen in der Selbstlernphase entwickelte Übungssequenzen mit ins Training. Die Trainer geben differenziertes Feedback und methodische Hinweise, Verhaltensalternativen im Umgang mit schwierigen Situationen werden erprobt. Für die Phase nach dem Präsenztraining werden Umsetzungsübungen vereinbart.

Tutoring
Während der Selbstlernphase vor dem Präsenztraining können die Lerner tutorielle Unterstützung durch die Trainer in Anspruch nehmen.
In einer 12-wöchigen Transferphase nach dem Präsenztraining sind die Lerner angehalten, ebenfalls unter tutorieller Begleitung das Gelernte in ihrem Berufsalltag einzusetzen.
Die tutorielle Begleitung erfolgt per Telefon, E-Mail oder Newsgroup.
Mit den Tutoren oder auch anderen Mitgliedern der Lerngruppe können inhaltliche und technische Fragen, Fragen zum Lernprozess und auch Fragen zur Umsetzung des Gelernten erörtert werden.

Insgesamt umfasst unser Trainingsprogramm die vier Schwerpunkte:
- Prozessgestaltung und Moderation,
- Präsentationsfähigkeit,
- Kommunikative Kompetenz und
- Konfliktbewältigungskompetenz.

Zu diesen Themenfeldern bieten wir auch reine Präsenzseminare an.

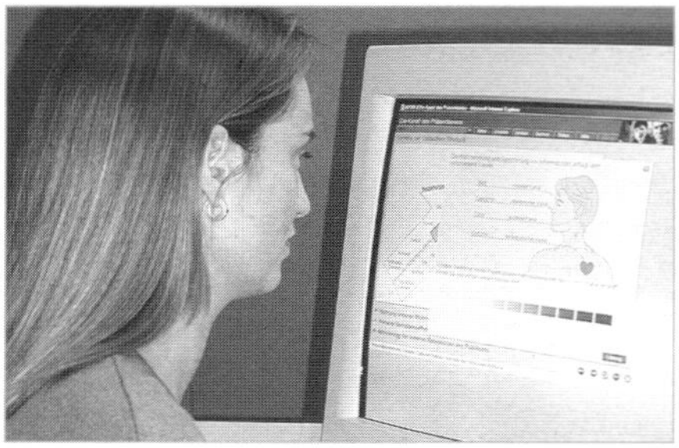

Nitor CBTs und WBTs (Computer Based und Web Based Trainings)
- **„Moderationsmethode"**
  das Grundlagenprogramm für Theorie und Praxis der Moderationsmethode
- **„Workshop-Moderation"**
  zur Unterstützung bei der Vorbereitung, Durchführung und Nachbereitung von moderierten Workshops
- **„Die Kunst des Präsentierens"**
  zur Unterstützung bei der Vorbereitung, Ausarbeitung und Umsetzung von Präsentationen
- **„Kommunikation im Beruf"**
  für alle, die ihr Kommunikationsverhalten besser verstehen und ihre Kommunikationsfähigkeiten optimieren wollen:
  Übungen und Tests ermöglichen die Reflexion des eigenen Verhaltens und die Verankerung des Gelernten.
  Videobeispiele zeigen Verhaltensalternativen auf.
  Checklisten unterstützen bei der Planung.

Wir informieren und beraten Sie gern unter:

Nitor GmbH
In de Masch 15
22869 Schenefeld
Tel. 040 840544-0
Fax 040 840544-10
www.nitor.de
dialog@nitor.de

Gute Konzepte machen Sie als Führungskraft unschlagbar

K. Meinhardt, H. Weber
ERFOLG DURCH COACHING
Eine unschätzbare Anleitung, um Selbständigkeit, Problemlösekompetenz und Entscheidungsfähikeit bei Mitarbeitern zu fördern.
Eine Anleitung, die Coaching Schritt für Schritt an Beispielen aus dem Arbeitsalltag erklärt.
189 S., geb.
ISBN 3-922789-82-X

J. Freimuth, M. Zirkler, Hrsg.
LIZENZ ZUM FÜHREN
Führungspotential entdecken und überprüfen, Organisationsstrukturen im Detail betrachten und verbessern: Die Methode des 360-Grad-Feedback setzt Akzente.
154 S., zahlr. Abb., br.
ISBN 3-922789-83-8

D. Francis, D. Young
MEHR ERFOLG IM TEAM
Stärken Sie gezielt Ihr Team: Stellen Sie die Schwächen Ihres Teams fest und bearbeiten diese mit den 46 Übungen aus **Mehr Erfolg im Team** punktgenau.
275 S., zahlr. Abb. Checklisten, Tabellen, geb.,
ISBN 3-922789-64-1

Hrsg. Arbeitskreis Assessmentcenter e.V.
ASSESSMENT CENTER 3
Management-Potential entdecken und fördern: das Potenzialanalyse-Instrument der heutigen Zeit ist das Assessment Center. In ihm werden zukünftige Aufgaben eines Arbeitsplatzes unternehmensspezifisch simuliert und die Leistungsfähigkeit überprüft. Erfahren Sie von Experten die Standards, Vorgehensweisen und die Schlüsselkompetenzen für die Entwicklung eines ACs in drei Bänden.

Band 1:
ASSESSMENT CENTER IN DER BETRIEBLICHEN PRAXIS
288 S., zahlr. Abb, br.
ISBN 3-922789-51-X

Band 2:
ASSESSMENT CENTER AUF DEM PRÜFSTAND
86 S., zahlr. Tab. geb.
ISBN 3-922789-58-7

Band 3:
ASSESSMENT CENTER ALS INSTRUMENT DER PERSONALENTWICKLUNG
500 S., zahlr. Abb.
ISBN 3-922789-57-9

E. Schrader, U. Küntzel
KÜNDIGUNGSGESPRÄCHE
Hier wird ein Tabuthema kompetent angefasst und vermittelt werden Tipps über den menschlichen Umgang mit persönlichen Katastrophen. Ein Leitfaden für jeden Vorgesetzten.
151 S., mit Checklisten
ISBN 3-922789-55-2

W.G. Straub, L.S. Forchhammer, L. Brachinger-Franke
BEREIT ZUR VERÄNDERUNG
Vermeiden Sie UnWege der Projektarbeit und setzen Sie Veränderungen erfolgreich durch. Das „Wie" finden Sie verständlich und praxisorientiert beschrieben.
126 S., zahlr. Abb., geb.
ISBN 3-922789-84-6

H.G. Renner, J. Strasmann Hrsg.
DAS OUTDOOR-SEMINAR
Nutzen Sie die Lust auf Abenteuer, um Ihr Team zusammenzuschweißen, das Arbeitsklima zu verbessern, neuen Ideen eine Chance zu geben. Dieses Buch zeigt, was in Outdoor-Trainings wirklich passiert.
124 S., zahlr. Abb.
ISBN 3-922789-86-2

T. Runge, F. Weibel, W. Ruegg u.a.
ODYSSEUS IM KONZERN
Sie als Vorgesetzter tragen die Verantwortung für die Entwicklung Ihrer Mitarbeiter, gerade auch im internationalen Bereich. Wie man Probleme löst, die Entsendung gut vorbereitet, ein Betreuungskonzept durchzieht und die Repatriierung sinnvoll gestaltet beschreiben die Autoren sehr praxisorientiert.
164 S., zahlr. Abb., geb.
ISBN 3-922789-81-1

O.G. Wack, G. Detlinger, H. Grothoff
KREATIV SEIN KANN JEDER
Mal alles auf den Kopf stellen, um neue Ansätze zu finden. Im Kopf frei sein und aus vorgegebenen Schemen ausbrechen, das hilft vielfach, unkonventionelle Wege zu gehen. Die Techniken und Wirkungsweisen erleben Sie hier.
159 S., zahlr. Abb. geb.
ISBN 3-922789-42-0

Windmühle GmbH Verlag und Vertrieb von Medien
Postfach 551080 · 22570 Hamburg · Tel 040-86 83 07
Fax 040-86 63 123 · info@windmuehle-verlag.de

www.windmuehle-verlag.de